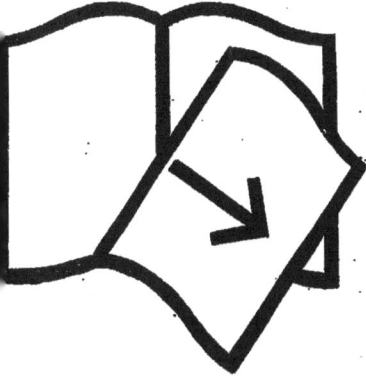

Couverture inférieure manquante

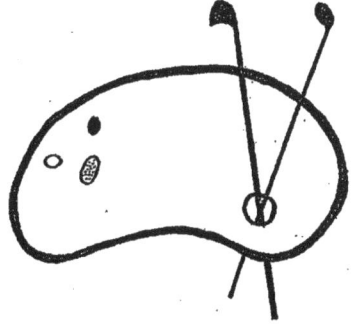

DEBUT D'UNE SERIE DE DOCUMENTS
EN COULEUR

/3/

INSTITUT DE FRANCE

PAUL JANET

NOTICE HISTORIQUE

Lue en séance publique le 6 décembre 1902

PAR

M. GEORGES PICOT

SECRÉTAIRE PERPÉTUEL
DE L'ACADÉMIE DES SCIENCES MORALES
ET POLITIQUES

———>|<———

PARIS

LIBRAIRIE HACHETTE ET Cⁱᵉ

79, BOULEVARD SAINT-GERMAIN, 79

—

1903

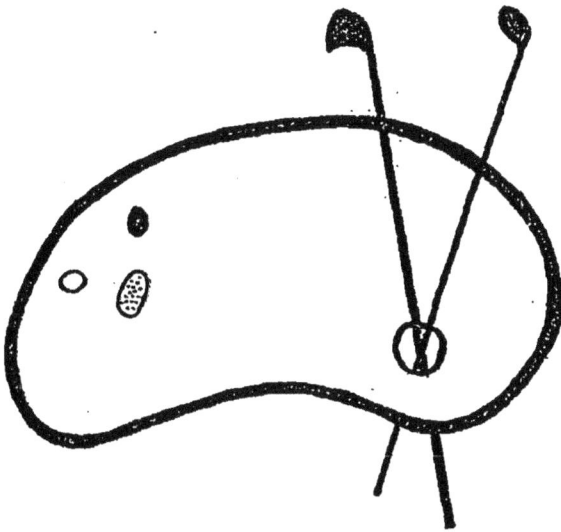

FIN D'UNE SERIE DE DOCUMENTS
EN COULEUR

PAUL JANET

NOTICE HISTORIQUE

Lue en séance publique le 6 décembre 1902

COULOMMIERS

Imprimerie PAUL BRODARD.

INSTITUT DE FRANCE

PAUL JANET

NOTICE HISTORIQUE

Lue en séance publique le 6 décembre 1902

PAR

M. GEORGES PICOT

SECRÉTAIRE PERPÉTUEL
DE L'ACADÉMIE DES SCIENCES MORALES
ET POLITIQUES

PARIS

LIBRAIRIE HACHETTE ET Cie

79, BOULEVARD SAINT-GERMAIN, 79

—

1903

PAUL JANET

NOTICE HISTORIQUE

MESSIEURS,

Il y a des hommes, même parmi les philosophes, qui, dans le cours de leur vie agitée, ont été mêlés à tous les événements de leur siècle : leur histoire est celle de leur temps. Attachés à une cause, ils sont portés au pouvoir avec elle, fiers de ses succès et non moins fiers de subir ses disgrâces. Leur destinée a été partagée entre la pensée et l'action.

Celui dont nous venons aujourd'hui vous entretenir n'a pas cherché à faire deux parts de son existence. Il l'a consacrée tout entière

1

à la philosophie, non pas seulement à la métaphysique, aux conceptions abstraites qui absorbent le penseur et le transportent, pour ainsi dire, dans un monde irréel, mais à cette philosophie qui, touchant à la morale, examine l'être social, l'observe dans ses manifestations, compare son rôle dans le monde et est amenée à faire de la politique une étude spéciale.

Écrire l'histoire de la politique sans être attiré par ses ambitions, définir des principes sans être tenté de les appliquer, se sentir vraiment citoyen, donner des leçons aux hommes sans avoir la prétention de les gouverner, ne pas sortir du monde de la pensée tout en aimant passionnément son pays et en partageant toutes les émotions de ses contemporains, c'est un effort d'esprit, rare en tous les temps, mais qui mérite assurément d'être signalé comme sans exemple au XIXe siècle.

M. Paul Janet n'a voulu être que professeur. C'est une vie de professeur n'ayant été étranger à aucune pensée de son temps que nous allons essayer de faire revivre devant des confrères qui ont tous été ses amis.

Paul Janet est né à Paris le 30 avril 1823. Issu d'une famille de libraires, il vint au monde au milieu des livres. Son grand-père avait fondé avec succès une grande maison de librairie rue Saint-Jacques. Il avait six fils; il s'occupa peu de leur instruction, mais il sut développer en eux le goût littéraire; la comédie était la grande distraction des jeunes gens. Le samedi soir, le magasin était fermé; on montait un théâtre et de nombreux amis s'assemblaient pour applaudir Corneille et Racine, Molière et Regnard. C'est ainsi qu'à la veille de la Révolution, dans la petite bourgeoisie parisienne, les plaisirs de l'esprit tenaient souvent lieu d'études. Paul Janet se rappelait avoir entendu les acteurs survivants des soirées de la rue Saint-Jacques; leur conversation était toute parsemée des souvenirs du théâtre classique. Il respira cet air dès son enfance.

A l'âge de six ans, il avait été envoyé à l'école; ce fut sa première douleur. Il ne pouvait s'habituer aux rudesses de la camaraderie forcée; le tumulte lui répugnait; il avait besoin de l'amitié; il sut découvrir un enfant de son âge, chétif et boiteux, d'une médiocre apparence et d'un grand cœur; il le défendit contre les sarcasmes, se lia avec lui, et cette union, prolongée durant trente années, ne fut rompue que par la mort de son ami.

Paul Janet demeura orphelin à neuf ans. Il conserva sa mère qui appartenait à une famille de magistrats; elle était fort distinguée, un peu austère et réservée, mais nullement sévère, d'une piété sage et tolérante, d'un esprit judicieux et éclairé.

La révolution de Juillet, la mort de son père, un changement complet d'existence interrompirent ces premières études. En 1832, il entra définitivement dans une pension qui suivait les classes du collège Saint-Louis. Revenant, au terme de sa vie, sur ses années de collège, il écrivait : « Je souffre quand je revois tout cela par l'imagination. La vie banale et commune de la caserne m'a toujours été odieuse... Je n'aimais pas le bruit et la violence des jeux de garçons : beaucoup d'entre eux étaient vulgaires; le langage était brutal. J'avais des amis et je les ai conservés; par là, je ne saurais avoir trop de reconnaissance pour ma vieille pension et mon vieux collège... mais j'avais un tel besoin de la vie de famille, une telle aversion de la captivité, que je souffrais réellement. »

Les premiers succès adoucirent son chagrin; il parvint vite en tête de sa classe et sut s'y maintenir. Les vers latins excitèrent vivement son esprit. Cette étude avait un mérite qu'aucun enseignement n'a remplacé; elle faisait aimer la poésie latine et sentir des beautés d'expression et de rythme dont la prose ne donne nulle idée. Les jeunes

1.

gens d'aujourd'hui seraient bien étonnés si
on leur disait que les jeunes gens d'autrefois
s'éprenaient d'Horace et de Virgile. Paul
Janet se prit d'enthousiasme pour les maîtres
de l'imagination antique. En veut-on la
preuve? Il avait pour répétiteur un écrivain
d'un esprit rare, Despois, qui venait de
remporter peu auparavant le prix d'honneur.
Avec un de ses amis, ils allaient le trouver,
la nuit, et prolongeaient en de longues veil-
lées la lecture des poètes.

Il ne fallait pas moins que cette passion
pour le soutenir; il éprouva vers la seconde
et la rhétorique un dégoût pour l'étude qui
alarma sa mère. Son esprit ressentit une
secousse, dès les premières classes de philosophie. « S'il m'est permis, disait-il, à la
fin de sa vie, d'évoquer d'illustres exemples,
moi aussi, j'ai senti la vocation philosophique se manifester en moi, en entendant
les premières leçons de mon maître en philosophie, M. Gibon. Il n'était pas éloquent;
mais il était grave, convaincu, d'un esprit

libre et indépendant : je lui dois un amour de la philosophie qui n'a jamais tari depuis tant d'années. »

Après une année d'études brillantes, la plus heureuse de sa jeunesse, Paul Janet se présentait à l'École normale. Il aimait à raconter avec quel succès il soutint l'examen d'histoire : interrogé sur les empereurs romains, il se mit à débiter, d'Auguste à Septime-Sévère, la liste complète de tous les Césars. L'examinateur, surpris de tant de science, donna une note qui contribua à faire recevoir le philosophe. Il devait ce tour de force de mémoire à son professeur d'histoire qui, ne sachant pas tenir sa classe, et accablant ses élèves de pensums, lui avait donné à copier si souvent la liste des empereurs qu'elle s'était gravée dans sa tête. L'examinateur, notre vénéré doyen, M. Wallon, ne lui en voulut pas. Vous m'avez bien trompé! lui dit-il, avec une malice indulgente, lorsqu'il s'aperçut que l'École avait admis non un historien, mais un philosophe.

C'était le temps de la vieille école, établie
rue Saint-Jacques à côté du collège Louis-
le-Grand, dans les bâtiments de l'ancien
collège du Plessis. Les cours étaient tristes ;
les logements médiocres ; les salles obscures
et étroites et cependant nul ne se plaignait,
tant était grand le renom de l'École normale. Il avait pour camarades Hippolyte
Rigault, Thurot, Émile Burnouf qui devait
diriger un jour l'École d'Athènes. En première année, le cours d'Amédée Jacques
l'intéressa ; mais il fut charmé, la seconde
année, par Saisset, « maître très solide,
très sérieux, d'un esprit très philosophique » ;
il avait une conversation séduisante ; il était
« plus libre, plus naturel, plus chercheur
dans ses entretiens que dans ses livres » [1].
Saisset laissa son empreinte sur l'intelligence du jeune philosophe.

C'est au concours d'agrégation que
Paul Janet se révéla. Parmi ses camarades

1. *Le Centenaire de l'École normale*, p. 274.

de l'École et ses concurrents qui remplis-
saient la salle, l'acclamation fut unanime :
sa parole était nette, ferme, douée d'une
autorité naturelle; l'éloquence ne venait ni
des mots habilement groupés, ni de phrases
à effet, mais de l'ordonnance heureuse et
puissante des idées, au service de la vérité.
Victor Cousin présidait le jury : il en rendit
témoignage. « M. Janet, dit-il dans son
rapport au ministre, a été le premier hors
ligne pour sa leçon. Il a de la science, du
nerf, de la précision. Sa leçon sur la divine
Providence est assurément une des plus
fortes et des plus belles que j'aie entendues
depuis quinze ans. La doctrine la plus pure,
une méthode sévère, un rare savoir, une
élocution nette et vigoureuse ont, pendant
une heure entière, captivé un nombreux
auditoire. » Il n'hésitait point à le signaler
comme une des meilleures espérances de
l'enseignement philosophique.

Ceux que distinguait ainsi Victor Cousin,
il s'emparait d'eux comme secrétaires. Pen-

dant un an, Paul Janet vécut dans son
intimité.

Cousin projetait alors une édition des
Pensées de Pascal. Il y pensait et en parlait
sans cesse. Il y fit travailler son jeune
secrétaire. Paul Janet racontait quelle
frayeur respectueuse il avait éprouvée en
sentant, dans sa petite chambre de la Sorbonne, à sa libre disposition, le manuscrit
des *Pensées*, sur lequel il travailla pendant
tout l'hiver de 1844.

Au printemps de 1845, M. Cousin entre-
prit de publier son ouvrage sur le Vrai, le
Beau et le Bien. Il fit de son secrétaire un
collaborateur; il l'emmenait en de longues
promenades, tantôt dans son jardin de
Bellevue, tantôt dans les bois de Meudon, et
développait, pendant l'après-midi, les idées
que Paul Janet passait ses soirées, et quel-
quefois ses nuits, à rédiger; puis le lende-
main matin, le travail était soumis à l'auteur
qui arrêtait le texte définitif. Cette intimité
était intermittente et agitée; les premiers

temps furent pénibles, les contacts rudes, la crainte de subir des emportements continuelle; il eut quelque peine à s'habituer aux formes solennelles d'une parole qui, au premier abord, semblait apprêtée. En travaillant avec le maître, en le voyant à toute heure, en vivant de sa vie, il sentit que l'éloquence était l'enveloppe naturelle de sa pensée, et ce qui l'avait refroidi, quand il croyait à un art prémédité, contribua à le séduire lorsqu'il comprit qu'il assistait à la production spontanée d'un grand esprit. Le disciple admirait le maître, mais il sentait plutôt le poids que le charme de sa supériorité, et ne prévoyait pas l'attachement qui devait naître plus tard sous l'influence de la plus libre et de la plus affectueuse familiarité.

Il avait vingt-deux ans, lorsqu'en 1845, « affranchi de cette noble et sévère tutelle », il fut nommé professeur de philosophie au collège royal de Bourges. Quitter Paris, aller s'enfouir en province lui causait le plus vif

effroi. N'était-ce pas un exil? et ne serait-il
pas sevré de tous les plaisirs de l'esprit? Une
surprise heureuse l'attendait.

Nous sommes très loin de nous repré-
senter la vie intérieure d'une ville de province, il y a un demi-siècle. La rapidité des
transports a tout rattaché à Paris, hommes
et choses; elle a effacé les caractères, aplani
les reliefs, donné à toutes les sociétés une
empreinte parisienne, M. Paul Janet était à
Bourges lorsque le premier train de chemin
de fer arriva dans la cité de Jacques Cœur.
Bourges tenait son rang; elle était encore la
capitale du Berry; elle était fière de ses
renommées de terroir : on pardonnait
presque tout à George Sand parce qu'elle
jetait quelque éclat sur les mœurs berri-
chonnes. On parlait beaucoup d'un avocat
que l'esprit local opposait à Berryer; dès son
arrivée, le jeune professeur fut présenté à.
Michel de Bourges; il fut attiré par cette
éloquence passionnée au service d'un esprit
généreux; sans partager ses convictions

ardentes, il était captivé par des élans dont
« la flamme et l'audace le charmaient » ; il
le retrouva souvent, entra dans son intimité ;
il lui semblait qu'il se rapprochait des noms
qui avaient agi le plus vivement sur sa
pensée en l'entendant parler de Lamennais,
de Cavaignac, de Lamartine. L'orateur inter-
rogeait le philosophe ; leurs entretiens pas-
saient de Kant et de la philosophie allemande
aux problèmes de la politique contemporaine.

Paul Janet était très libéral, très épris de
réformes : mais il n'avait en rien le tempé-
rament révolutionnaire. Presque tous les
hommes du xixᵉ siècle ont été élevés au
milieu de souvenirs de la Révolution qui ont
fait, à leur insu, l'éducation de leur esprit.
Telle anecdote a frappé leur imagination
d'enfant d'une empreinte que le temps n'a
pas effacée. « Ma famille, a-t-il écrit, n'avait
rien à regretter de l'ancien régime, mais,
dans la bourgeoisie, la Révolution a surtout
laissé comme trace le souvenir terrible de
93 et pendant longtemps de la Révolution je

ne connus que cela. » Certains récits
l'avaient particulièrement frappé. Un jour,
son père et ses oncles jouaient gaiement;
leur père, très chaud partisan de la Révolution, entre fort agité, il arrête les jeux : Silence,
mes enfants, dit-il d'un ton grave, le Roi est
mort! Puis on lui avait décrit des scènes de
Terreur, la vie en quelque sorte suspendue,
enfin le réveil, la rentrée de Bonaparte à
Paris après la première campagne d'Italie,
et surtout le délire d'enthousiasme qui
emportait la nation. Il se désolait de n'avoir
pas questionné tant de parents spectateurs
de la Révolution et de l'Empire; ces souvenirs, déposés en germe dans son esprit d'enfant, lui donnaient l'éblouissement de la
gloire et lui inspiraient en même temps
l'horreur des violences qui préparent les
dictatures et les rendent inévitables. Il par-
tageait les sentiments des jeunes gens qui
arrivaient à l'âge d'homme vers 1840 :
comme eux, il souffrait du contraste entre
la poésie de l'épopée qui avait ouvert le

siècle et la prose au milieu de laquelle ils
vivaient. Émotion douloureuse et impuis-
sante de la jeunesse dont l'imagination
appelait de grands événements, travaillait
dans le vide, écoutait la parole de Lamartine
disant : la France s'ennuie, et s'exprimait
par la plume de Paul Janet écrivant : « Rien
de semblable ne s'est vu de notre temps.
Tout paraît terne depuis. Cela explique la
révolution de 1848. »

Il était bien placé pour en comprendre
le sens; son ancien professeur, Amédée
Jacques, dirigeait la *Liberté de penser*; il y
avait attiré son élève et Paul Janet, initié
par lui au mouvement d'idées qui précéda
l'avènement de la seconde République, y
publia plusieurs articles.

Ces travaux ne le détournaient pas de ses
études. Reçu agrégé des Facultés et docteur
ès lettres, il avait tenu tout ce qu'espéraient
ses maîtres. Aussi était-il nommé, à vingt-
cinq ans, professeur à la Faculté des lettres
de Strasbourg. Il partait pour sa nouvelle

résidence l'esprit tranquille et le cœur joyeux. Sa carrière était assurée et le bonheur venait d'entrer à son foyer. Il n'avait pas cédé à l'attrait d'une rencontre improvisée; ce jeune philosophe avait fait son choix de longue date : il y pensait depuis quinze années. Ce qui était le rêve d'un enfant de neuf ans était devenu l'idée fixe du jeune homme. Les intelligences les plus fortes ont des âmes simples : elles se donnent sans se reprendre, la constance fait partie de leur nature, elles sont fidèles aux personnes comme aux idées. Ce roman, dont souriraient les sceptiques, devait se prolonger durant plus de cinquante années, apportant à ce travailleur infatigable cette satisfaction, d'aimer qui est le repos des grands cœurs et faisant luire un rayon de poésie sur une vie uniforme comme le devoir. D'une communauté de réflexions avec un esprit digne de le comprendre émanait un charme intime qui stimulait sa pensée.

Il était à l'âge où le choix d'un sujet décide souvent de la vie. On se plaît à médire des concours de l'Institut : Proposer un sujet n'est-ce pas l'imposer ? Est-ce ainsi qu'on respecte la liberté de l'esprit ? L'histoire de notre Académie répond victorieusement à ces critiques. Ne parlons que des morts. N'interrogeons que la section de philosophie que Victor Cousin gouvernait alors avec tant d'éclat. Si, en 1835, l'examen critique de l'Organum d'Aristote n'avait pas été mis au concours, un obscur surnuméraire au Ministère des Finances, se serait-il épris d'Aristote ? Aurait-il consacré cinquante années à la publication de trente-cinq volumes contenant une traduction générale ? — Si, en 1857, les principes de la science du beau n'avaient pas été offerts comme champ d'études, un écrivain nous aurait-il donné ce livre attrayant et profond qui a attaché à la science du beau un des confrères que nous avons le plus aimés ? Pouvons-nous oublier l'histoire de la philosophie cartésienne proposée en

2.

1838 ? et l'histoire d'Alexandrie mise au concours en 1841 ?

Comme M. Barthélemy Saint-Hilaire et
comme M. Levêque, comme M. Bouillier et
comme M. Vacherot, Paul Janet trouva sa
voie en écoutant les conseils de nos anciens.
Il venait d'assister aux événements de la politique avec une curiosité très éveillée ; il
n'était pas de ceux que l'ambition jette sur la
scène ; il se contentait d'être un spectateur
attentif, étudiant les faits, les analysant, les
comparant et se plaisant à remonter aux
causes. Dans les révolutions, l'ambitieux
cherche l'homme pour s'en servir, l'orateur
pour le convaincre, le philosophe pour l'étudier.

Le 3 juin 1848, quelques jours avant les
événements qui allaient déterminer le chef
du pouvoir exécutif à demander à vos prédé-
cesseurs de collaborer par leurs écrits au
rétablissement de l'ordre, l'Académie mettait
au concours la comparaison de la philosophie
morale et politique de Platon et d'Aristote

avec les doctrines des plus grands philosophes modernes sur les mêmes matières : elle demandait aux concurrents l'ensemble des jugements portés par les penseurs qui avaient illustré l'humanité sur les conditions de la vie sociale de l'homme.

M. Paul Janet n'hésita pas à concourir. Délivré des soucis quotidiens d'une classe, il abordait les travaux plus libres d'une Faculté. Pendant quatre ans, il se consacra exclusivement à ce travail. En 1853, l'Académie lui décernait le prix. L' « histoire de la philosophie morale et politique », devenue plus tard l' « Histoire de la science politique dans ses rapports avec la morale », et bientôt couronnée par l'Académie française, est un des titres de notre confrère à la reconnaissance de ceux qui lisent et qui pensent.

C'était à la fois un livre de philosophie, de morale et d'histoire. Ses recherches l'avaient amené à vivre dans le commerce des plus grands philosophes de tous les temps ; il avait recueilli leurs dépositions sur un problème que chaque siècle de l'humanité avait successivement posé et légué au siècle suivant sans avoir pu le résoudre. De cette confrontation de tant de témoignages venus de l'antiquité et des temps modernes sortit un livre largement conçu, ordonné suivant une méthode claire, laissant au lecteur l'impression d'une érudition toujours précise au service d'un jugement toujours sûr.

Il aime l'antiquité grecque, il la comprend et y pénètre ; il nous conduit, avec Platon et Aristote, dans la cité antique à laquelle un maître dans l'art d'écrire l'histoire a su de nos jours rendre la vie. Il analyse l'âme du citoyen où se trouvaient mêlés et comme confondus l'amour des dieux et l'amour de la patrie. C'est à l'ardeur de ce double sentiment qu'était mesurée la valeur de l'homme, s'appelant le courage, le dévouement, la poursuite du bien, noms divers se confondant dans cette qualité qui embrasse tout, qui dit tout et que les anciens exprimaient d'un mot éloquent et complexe : la vertu.

Platon et Aristote, dont les méthodes sont
si contraires, l'un partant de l'idée pure,
aboutissant dans le domaine politique aux
plus monstrueuses chimères, tandis que, dans
l'ordre philosophique, il proclame des règles
impérissables, l'autre appliquant aux institutions telles qu'elles existent la méthode
d'observation, les analysant avec profondeur,
donnant aux politiques de tous les temps
des conseils qui seront vrais tant que dure-
ront les sociétés humaines, Platon et Aristote s'accordaient à exiger du citoyen la
vertu.

Paul Janet n'hésite pas à condamner Platon lorsque, après avoir proclamé le dogme
de l'unité de l'État, il s'empare des enfants,
réglemente l'éducation, enfin, par une logique
inévitable, crée une poésie et une philosophie
d'État protégées par la censure. Jeter toutes
les intelligences dans le même moule, faire
du législateur l'éducateur universel, sou-
mettre à des méthodes édictées par la puissance publique cette œuvre de liberté qui

s'appelle la croissance et le développement
de l'esprit, faire en un mot du monopole de
l'enseignement un des ressorts de la politique, telle était l'utopie chère à l'antiquité.
Notre auteur la condamne d'un mot : « C'é-
tait, dit-il, la servitude intellectuelle de
l'Orient transportée dans un État grec », et
il montre avec force que, pour l'établir,
Platon a été amené à sacrifier la famille, à
supprimer le mariage, monstrueux attentats
contre l'humanité et la raison, suites logiques
de la suprématie de l'État, la seule des idolâ-
tries qui, si on en juge par les déclamations
qui nous obsèdent, n'ait pas péri avec l'antiquité. Le stoïcisme, en relevant la dignité de
l'homme, eut un double honneur ; il inaugura
le principe d'une liberté intérieure, contre
laquelle venait se briser l'autorité de l'État,
et, en inspirant des jurisconsultes qui furent
des philosophes, il fonda le droit romain.

Telles étaient les idées du monde antique
lorsqu'un souffle nouveau vint rajeunir
l'âme humaine. La loi morale que le christia-

nisme apportait au monde modifiait toutes
les conditions de la société. M. Janet aurait
pu suivre cette révolution dans toutes ses
conséquences ; il a préféré se borner ; l'exemple sur lequel il a concentré son étude a une
portée qui embrasse tout le développement
de notre civilisation. En rendant à Dieu ce
qui est à Dieu, à César ce qui est à César, la
religion nouvelle créait ce que nulle science
politique n'avait jusqu'alors entrevu ; deux
pouvoirs, l'un spirituel, l'autre temporel, et
proclamait leur légitimité. Elle plaçait
l'homme désormais affranchi dans le domaine
de la foi en face de l'État dont il était dans
l'ordre politique le sujet respectueux ; elle
donnait au croyant, ce qui était entièrement
nouveau, un sentiment très net des droits de
sa conscience. Toute l'histoire des premiers
siècles du christianisme en face de l'oppres-
sion est brillante des revendications de la
liberté. Du jour où la religion et l'État se con-
fondent, reparaît la doctrine d'absolutisme.
La confusion des pouvoirs spirituel et tem-

porel, à l'aide de laquelle les derniers empereurs pensaient tout sauver, avait tout perdu.
La foi faisait partie de la constitution de
l'empire : il n'y avait plus de place pour les
âmes libres. Cette conception ne pouvait
reparaître qu'avec l'indépendance des deux
pouvoirs, distincts l'un de l'autre, vivant
d'une vie propre, sans s'ignorer, ni se com-
battre, ne cherchant ni l'ingérence, ni l'op-
pression. Équilibre aussi nécessaire que dif-
ficile, problème terrible dont la solution
tiendra à jamais en suspens la liberté des
consciences, dans toute société politique,
qu'elle ait à sa tête les empereurs de Byzance,
un Henri IV ou un Louis XIV !

Le livre de M. Janet est plein de rayons
lumineux qui éclairent l'histoire. Au seuil de
nos temps modernes, il rencontre Machiavel ;
il pénètre au fond de la doctrine, il en signale
l'origine. « La religion, dit-il, gouvernait la
politique ; la morale religieuse dominait tout.
Le jour où la politique se trouva affranchie,
par une réaction violente, elle secoua toute

morale. » Que l'homme ait commis des forfaits, nul ne s'en étonne. Ce qui est unique
dans les annales de l'humanité, c'est de rencontrer un écrivain qui se plaît à faire la
théorie de la cruauté, qui ose professer que
la grandeur du crime en couvre l'infamie,
qui, adressant les mêmes conseils aux prin-
ces et aux peuples, engage les chefs à se
défaire de leurs rivaux, les républiques à
faire périr jusqu'au dernier gentilhomme,
préparant ainsi l'apologie de tous les massa-
cres, donnant des armes à ceux qui devaient
concevoir et justifier la Saint-Barthélemy et
la Terreur.

Il y a des préceptes plus pernicieux que
la doctrine du sang et M. Janet est trop bon
moraliste pour ne pas le sentir, c'est la
théorie de la mauvaise foi, du mensonge,
des trahisons qu'excuserait la raison d'État
et, pour tout résumer d'un mot, de la fin
justifiant les moyens, doctrines honteuses
dont se sont vantés les politiques cyniques
et qui ont jeté une ombre sur l'œuvre du

3

maniement des hommes! Contre elles,
M. Janet avait raison de protester : il ne
tolérait point qu'on prît pour une ironie la
prétention d'établir des rapports entre la
politique et la morale; il croyait fermement
que le bien était l'habileté suprême; il tenait
la probité pour la règle inflexible qui dominait les relations entre les particuliers aussi
bien qu'entre les nations.

La dernière partie de ce grand ouvrage est
consacrée au xviii° siècle. Montesquieu et
Rousseau le dominent. Fidèle à sa méthode,
M. Janet nous montre ce que la science
politique doit à l'*Esprit des Lois*. Il faudrait
être bien aveuglé par les découvertes politiques dont notre temps se targue, pour nier
qu'en 1750 la conception d'un gouvernement
modéré garanti par la séparation des pouvoirs fut un progrès. Quel est l'écrivain qui
a flétri avec plus d'éclat l'esclavage, qui a
dénoncé avec plus d'indignation l'excès des
peines? Quel est celui dont l'influence,
exercée dans le sens de la pitié et de la

modération, a agi plus profondément sur son temps? Il a eu de son vivant des admirateurs, après sa mort des disciples, il a fait école et il a eu cette rare fortune qu'en ayant battu en brèche tous les préjugés, attaqué les idées reçues, préparé plus que personne la ruine des institutions, nul n'a songé ni au milieu de la chute de l'ancien régime, ni après la réaction qui l'a suivie, à faire remonter jusqu'à lui la responsabilité des excès révolutionnaires, tant il y avait de force et de mesure dans son génie.

Tel n'a pas été le sort de Jean-Jacques Rousseau, auquel l'auteur consacre le plus brillant chapitre. En 1853, le rapporteur du concours, M. Barthélemy Saint-Hilaire, n'hésitait pas à le proclamer : « Nous ne connaissons pas, disait-il, une réfutation du *Contrat social* plus complète, ni plus juste... les critiques n'avaient jamais été réunies dans un ensemble aussi solide et aussi clair. » Il était facile de montrer comment l'aliénation totale de la personnalité humaine

au profit d'une puissance composée de
toutes .les forces individuelles, aboutissait
au plus absolu despotisme; mais l'auteur
avait ce mérite de découvrir à travers quelles
illusions Rousseau avait été amené, en
croyant augmenter la force de l'individu, à
le sacrifier entièrement. Ce que Rousseau
appelle le souverain, ce composé de toutes
les volontés particulières mises en commun,.
ne peut pas se tromper : juge de l'intérêt de
tous, « n'étant formé que des particuliers qui
le composent, il n'a ni ne peut avoir d'intérêt contraire au leur; par conséquent la
puissance souveraine n'a nul besoin de
garant envers les sujets ». La tyrannie d'un
seul, contre laquelle tous les philosophes
depuis Socrate jusqu'à Rousseau avaient
soulevé les protestations de la conscience
humaine, était moins féconde en calamités
que cette nouvelle doctrine. Contre un César
abusant de son pouvoir, se dresse le recours
au peuple. Contre l'État appuyé sur le
nombre, soutenant qu'il exprime les volontés

individuelles, qu'il est l'émanation du peuple qui ne peut se tromper, il n'existe ni recours, ni appel. L'esprit humain se plaît aux idées simples : qu'y a-t-il de moins compliqué que le pouvoir absolu directement exercé par le peuple? La conviction que le roi est un tyran soulève la foule; l'horreur pour le peuple exerçant la tyrannie ne sera jamais une idée populaire. Voilà pourquoi les sophismes de Rousseau étaient tout prêts pour les courtisans du peuple. Le manuel que Machiavel avait destiné aux tyrans, Rousseau l'avait préparé pour la démocratie.

M. Paul Janet avait écrit un livre dont toutes les pages méritaient d'être lues et méditées par les politiques, où tous les vices qui se rencontrent dans la vie publique étaient censurés, les crimes flétris, les idées fausses combattues, sans qu'une défaillance de l'auteur trahît la faiblesse ou la passion. Ecrire en des temps troublés deux volumes sur la politique sans hausser le ton, ni baisser la voix, c'est montrer une singulière possession de soi-même, c'est rendre un hommage à la philosophie.

L'homme était là tout entier : il avait commencé ses recherches sous la République; il poursuivait son œuvre à l'heure où le coup d'État de 1851 donnait à ses convictions le plus soudain démenti. Il l'achevait sous l'Empire. Son attachement à la liberté n'en était pas troublé. Il écrivait à M. Cousin, au commencement de 1852 : « Je me suis remis à mon grand travail, un peu interrompu par les émotions politiques. Ce qui se passe ne changera pas, mais fortifiera, au contraire, ma pensée. Elle est tout entière, comme vous le savez, au libéralisme, que je ne crois vaincu que pour un temps. » A l'heure où M. Cousin, victime de la réaction, était nommé professeur honoraire par M. Fortoul, M. Janet tenait à honneur de se montrer fidèle au vaincu en écrivant au philosophe disgracié : « Pour ma part, je suis plus disposé que jamais à me reconnaître votre disciple. »

Sa vie s'écoulait, à Strasbourg, au milieu d'un cercle de collègues et d'amis bien faits pour maintenir très haut le niveau de sa pensée. Nous en avons connu plusieurs : c'était un groupe studieux, vivant de recherches et de méditations, passant de la salle des cours aux bibliothèques et des archives au laboratoire : Jules Zeller commençait ses travaux sur l'histoire d'Allemagne et d'Italie; Michel Bréal abordait ses savantes études de philologie; la Faculté de droit comptait Charles Beudant, Aubry et Rau, qui devaient laisser un nom parmi les jurisconsultes; la Faculté des sciences avait pour doyen Daubrée, dont les recherches géologiques annonçaient les succès.

Le philosophe était heureux de vivre dans ce monde des intelligences, mais ce qu'il cherchait avant tout, c'étaient les âmes : il se sentit attiré vers un jeune professeur, sorti après lui de l'École normale, voué aux études minéralogiques, ayant le respect et la passion de la science et destiné à jeter sur sa patrie et sur son siècle un rayon de gloire, il l'interrogea, recueillit sa pensée en de longs entretiens. Il était fier de dire, vers la fin de sa vie, qu'il lui devait non seulement ce qu'il savait en ces matières, mais le goût des idées et des méthodes scientifiques. En approchant de Pasteur, il avait éprouvé l'attraction qui émane des esprits supérieurs. Un des premiers, le psychologue avait découvert l'homme au delà et au-dessus du savant.

Dès son arrivée à la Faculté, Paul Janet avait été accueilli par un auditoire qui n'avait cessé de s'accroître. Il ouvrit son cours en 1849 en exposant l'histoire des doctrines morales et politiques. Jamais le public ne s'était pressé si nombreux autour d'une chaire de philosophie et sa réputation franchit rapidement les limites de la province. Loin de chercher le bruit et de négliger ses devoirs, il se plaisait à les multiplier : il lui arrivait de réunir, en un petit cercle d'études, les auditeurs les plus laborieux, pour traiter

des principaux problèmes de psychologie; ni
ses cours, ni la préparation de ses livres ne
l'empêchèrent de rassembler chez lui les candidats au professorat; il estimait que sa
charge n'aurait pas été remplie s'il ne s'était
pas adressé aux étudiants de tous ordres.

La Faculté de Strasbourg attachait beaucoup de prix à étendre son action et à
agrandir son auditoire : on demanda en 1855
à M. Janet de donner, dans la grande salle
de la mairie, une série de leçons : il choisit
pour sujet la Famille. Le succès dépassa
toute prévision : ce fut un triomphe. Jour-
naux et correspondances en apportèrent
l'écho jusqu'à Paris : le public fut ému et
charmé; ses auditeurs ne tarissaient pas
d'éloges, non seulement sur la solidité du
fond, mais sur les merveilleuses qualités
d'une parole aussi claire qu'élégante, aussi
sobre que généreuse. « L'originalité de ces
leçons, a dit un des meilleurs juges, consis-
tait à partir du vrai, du simple, du naturel,
et à rencontrer la beauté et la poésie par la

seule analyse, délicate et profonde, de cette
vérité même. »

On se plaît à dire que la réflexion refroidit
les élans du cœur et de l'imagination, rien n'est
plus faux ; le scepticisme critique les glace ;
l'observation simple et loyale les confirme.
Entre vingt-cinq et trente ans, M. Paul Janet,
au sein de la vie la plus heureuse, entre sa
jeune femme et les enfants qui venaient au
monde, appliquant sa pensée aux objets de
son affection, décrivait tout naturellement
la famille, étudiait les raisons de son bonheur, et concevait peu à peu ce beau livre
qui porte un nom digne de tous les respects :
mari et père, il était fait pour comprendre et
faire aimer la *Famille*.

En abordant un problème à la portée de
tout le monde, le jeune professeur abandon-
nait-il la philosophie ? Il pressentit le reproche
et s'en défendit vivement. « L'antiquité, dit-il
avec justesse, à laquelle il faut toujours reve-
nir en philosophie, était bien loin d'avoir
nos scrupules ; elle ne renfermait pas la phi-

losophie dans l'école... » Il s'en prenait à
l'Allemagne : « Quelques métaphysiciens
intraitables soutiennent en ce pays que les
moralistes qui se sont appliqués à la descrip-
tion des mœurs et des caractères, à l'analyse
des passions et des vertus, ne sont point des
philosophes. Mais je voudrais savoir quel
intérêt la philosophie peut avoir à exclure
de son sein précisément les hommes qui lui
font le plus d'honneur, qui lui gagnent le
plus d'esprits, et dont les idées ont le privi-
lège d'être comprises et goûtées de tout le
monde. Est-ce à dire que la philosophie
tienne à honneur de ne point se laisser comprendre et devons-nous considérer comme
des traîtres ceux qui abaissent ses doctrines
jusqu'au point de les rendre utiles? »

De nos jours, les rêveurs se sont donné
carrière en reconstituant à leur fantaisie la
société. Il est une institution qu'ils ne pour-
ront jamais renverser. La famille n'est pas
un vain édifice élevé par le législateur : elle
repose sur le droit naturel. Impuissants à la

bouleverser, les utopistes cherchent à l'at-
teindre en limitant l'autorité du mari, en
éveillant contre lui les défiances, en excitant
la passion, en appelant les femmes à la
révolte. Remettre chacun à sa place, montrer
que l'autorité du chef est fondée sur la nature, que la femme, sa subordonnée dans
l'ordre du droit, est son égale dans l'ordre
moral, peindre « cet heureux équilibre d'une
raison étendue, profonde, vigoureuse et
d'une raison vive, fine et délicate », exposer
comment l'un « conçoit les grands plans et
voit le but, comment l'autre saisit les détails
et les moyens », donner au mari un senti_
ment supérieur de sa responsabilité, l'élever
sans abaisser la femme, assurer à chacun
son domaine dans une harmonie que développe et complète la naissance des enfants,
rassembler ainsi les devoirs de l'homme et
prouver que tous se rencontrent dans la
famille ou par elle, « qu'elle est l'idéal de
l'amour, parce que seule elle garantit la fidé-
lité qui en est l'âme », telles étaient les idées

maîtresses d'un livre qui donnait aux époux aussi bien qu'aux parents la plus haute leçon de philosophie.

Dès que le livre parut, l'Académie française le couronna.

Un prix décerné par l'Académie, quelques lignes d'un rapport de M. Villemain, suffisaient à signaler le lauréat; on pensa à le rappeler à Paris. Il ne quittait pas sans regrets Strasbourg; il avait trouvé en Alsace des intelligences fermes et douces, une race de cœurs élevés et fidèles, de vrais Français ayant toutes les qualités de notre nation, ignorant l'intolérance et la haine, et n'usant de leur voisinage de la frontière que pour servir d'interprète et de lien entre la pensée de la France et celle de l'Allemagne. « Aujourd'hui, écrivait-il à la fin de sa vie, nous ne pouvons plus prononcer le nom de Strasbourg sans un sentiment de douleur. Après avoir habité cette ville pendant huit ans j'ai fini par l'aimer de cœur et je n'y puis penser sans tristesse. C'est un morceau de la patrie

4

perdue ; c'est une partie de nous-mêmes. »

Il avait vu de près la vie de province ; il
lui avait semblé que « l'âme y était plus libre
et plus désintéressée ; qu'il lui restait plus de
temps pour penser, pour rêver et pour
aimer ; qu'elle y aspirait moins au nouveau
qu'au vrai »[1].

En descendant d'une chaire de faculté
pour accepter une classe de logique au lycée
Louis-le-Grand, en échangeant le retentisse-
ment d'un cours attirant les intelligences
contre la vie silencieuse d'un professeur de
lycée, un ambitieux aurait cru déchoir. Paul
Janet avait une conception si élevée de l'enseignement, qu'il n'eut pas une heure de
déception. Ses élèves en ont témoigné ;
groupés autour de leur jeune professeur,
aimant en lui son âge rapproché du leur,
admirant sa parole souvent éloquente au service d'une pensée toujours claire, d'une
méthode rigoureuse, ils voyaient, à travers

---

1. *Philosophie du bonheur*, p. 46.

tant de rares qualités, ce mérite supérieur
qui fait un maître : la conscience. Le philosophe — et c'est son incomparable grandeur
— ne se borne pas à enseigner des notions
qu'il a reçues et qu'il transmet ; il se donne
lui-même ; il doit avoir la foi philosophique
et aimer ses élèves. S'il ne croit pas au fond
de son âme que son enseignement est appelé
à transformer ceux qui l'écoutent, s'il n'a
pas la conviction que l'homme sans philosophie est destiné à être le jouet de ses passions,
et à devenir dans la vie un instrument stérile
ou dangereux, s'il n'est pas persuadé qu'après
une année d'études communes, peut naître,
grâce à lui, dans les jeunes esprits que pénètre sa pensée, l'idée de devoir, l'idée de responsabilité et que par elles seules l'enfant
devient un homme, l'homme un citoyen
probe et libre, si le maître n'a pas en lui cet
enthousiasme et cette foi, s'il doute, non avec
Descartes, mais avec Pyrrhon, s'il critique
non avec Kant, mais avec Voltaire, s'il rem-
place une conviction absente par des traits

d'esprit, s'il se plaît non à édifier, mais à détruire, il n'est pas digne d'enseigner, de monter dans une chaire de philosophie.

La reconnaissance de ses élèves montra tout ce que Paul Janet avait su leur donner.

La réputation du professeur avait franchi les murs du lycée; aussi nul ne fut surpris quand, en 1862, Garnier, malade, demanda à Paul Janet de le suppléer dans sa chaire de la Sorbonne. Son début fut un succès. S'attaquant, non sans courage, au problème de la théodicée, il exposait avec franchise les objections; à ceux qui la traitent de science immobile et vieillie, il montrait les erreurs réfutées, les théories condamnées, toute cette évolution qui pour une science est le signe décisif de la vérité et de la vie. Il ne s'étonnait d'aucune critique et sa parole toujours vive, sa réplique toujours prête les réfutait avec esprit. L'accusait-on de soutenir une théodicée d'ancien régime? il demandait si à la folie de la tradition, il convenait de substi-

tuer la folie de l'innovation. Déclarait-on
que la théodicée spiritualiste était une doctrine populaire, vulgaire et nullement scientifique? il répondait qu'il était prêt à subir
tous les outrages et qu'il savait que la plus
grande insulte qu'on pût faire à un philosophe, c'était de dire de lui qu'il avait le sens
commun. Ses raisonnements aussi bien que
ses critiques témoignaient d'un esprit libre et
convaincu qui n'étant asservi à aucun système,
était compétent pour juger avec autorité les
doctrines parce qu'il les avait toutes péné-
trées. La contradiction ne l'effrayait pas.
C'est la grandeur des sciences morales et
surtout de la philosophie d'être perpétuelle-
ment débattues parce que la volonté de
l'homme y a sa part, parce que dans le jugement la responsabilité et la liberté intervien-
nent.

Les auditeurs étaient captivés par la viva-
cité et la franchise de sa pensée ; ils le sui-
vaient sans effort dans ce monde des idées
où son intelligence les faisait pénétrer ; ils

4.

l'écoutaient et s'étonnaient eux-mêmes de
comprendre aisément ce qui leur avait semblé jusque-là si obscur; de tous les mérites
du professeur, celui qu'il mettait au premier
rang, qu'il exigeait des autres et qu'il recherchait pour lui-même, c'était la clarté, vieille
qualité française, « héritage national que
nous avons le devoir de conserver et de
transmettre à nos descendants »[1], qui est le
fondement de l'autorité scientifique, parce
qu'elle est loyale, lucide et franche comme
notre race.

Les débuts de son cours ne l'empêchèrent
pas d'achever un livre qui était le fruit de
longues méditations. Ce que des penseurs
avaient déjà tenté, ce que Franklin avait
cherché en enseignant l'*art d'être vertueux*,
le but que Droz s'était proposé en étudiant
l'*art d'être heureux*, M. Janet voulut l'at-
teindre en exposant « la Philosophie du
bonheur ».

1. M. Boutroux, *Notice sur Paul Janet à l'École normale*, p. 9.

Jamais, dans aucun de ses écrits, Paul Janet n'avait pénétré plus profondément dans les secrets du cœur humain. La vie est-elle un bien? Après avoir pesé rigoureusement les beautés et les misères de l'existence, l'auteur se déclare pour la solution optimiste. Oui, la vie est un bien incomparable, mais la condition du bonheur, c'est « le déploiement énergique et libre de toutes les forces de l'âme ». Le vrai problème est donc de savoir comment faciliter le développement de toutes ces facultés. L'auteur passe en revue les manifestations de l'intelligence et du cœur : il juge sévèrement l'égoïsme des passions, leur emportement, la vie de tempête, comme l'appelle Pascal, et montre l'épanouissement de nos forces multipliées par toutes les formes des affections, amour et amitié, qui transfigurent l'homme. « Ce n'est pas seulement au nom d'une philosophie généreuse qu'il combat la doctrine de La Rochefoucauld : c'est du spectacle même de la vie qu'il fait sortir la

réprobation de l'égoïsme [1]. » Il décrit tous
les sentiments dont elle est embellie et il
exprime son enthousiasme pour toutes les
ardeurs de la volonté en reprenant ce mot
de Tocqueville : « La plus grande maladie
de l'âme, c'est le froid. » Si le cœur nous
charme, que de joies sereines et profondes
nous apporte la pensée! c'est le bonheur
idéal, puisqu'elle nous initie à la vérité à
tous les degrés et qu'elle nous conduit à
« l'amour de Dieu, le sentiment le plus élevé
de tous nos amours ».

M. Janet suit l'homme dans la vie privée,
comme dans la vie publique; partout il rencontre l'activité comme l'unique condition
du bonheur, non la vie agitée, mais l'activité
se proposant un but précis et certain, ayant
de la suite et de la persévérance, sentant
qu'elle progresse et se développe; il s'élève
avec force contre toute doctrine qui met la
société en tutelle, qui « dispense l'homme

1. Rapport de M. Villemain sur les concours de l'année
1863.

de la responsabilité par une fausse et humi-
liante sollicitude, supprime ou restreint la
liberté ». C'est contre cette fausse notion du
bonheur, dit-il fièrement, que tout notre
livre est dirigé. Doctrine aussi funeste aux
hommes qu'aux sociétés, paralysant l'initiative du citoyen, épuisant la richesse
de l'État, faisant de l'un, un instrument inerte, de l'autre, une puissance mons-
trueuse et destinée, si jamais elle devait
triompher, à entraîner leur ruine mu-
tuelle !

Le rôle de l'imagination dans le bonheur
n'avait jamais été plus heureusement ana-
lysé. La démonstration est décisive : « C'est
l'idée, c'est l'espérance, dit-il, c'est la vue
anticipée du succès qui enflamment les
hommes et leur font affronter tous les obs-
tacles ; cette sorte de demi-enivrement est
la condition impérieuse de l'inspiration et
du travail. Les grandes hypothèses d'où
naissent les grandes théories sont filles de
l'imagination », et il n'hésite pas à pro-

clamer que cette faculté maîtresse est en tout
la force motrice de la vie.

Ce livre puissant et fécond, ingénieux et
vrai, aussi ferme qu'éloquent, présentant
un heureux mélange de mesure et d'ardeur,
ayant ce mérite rare de donner, à celui qui
le médite, la paix et l'espérance, le courage
et l'élan, mettait au premier rang des moralistes M. Paul Janet que l'Académie française
couronnait pour la troisième fois.

L'Académie des Sciences morales et politiques, qui n'avait pas cessé de suivre son
lauréat de 1853, l'appela dans son sein le
13 février 1864 [1].

Quatre mois après, il était nommé, en
remplacement de Saisset, professeur d'histoire de la philosophie.

Quel était alors l'état véritable de la philosophie? Le spiritualisme, jadis maître absolu

1. Élu en remplacement de M. Villermé, il siégea pendant deux ans dans la section de morale et, en 1866,
diverses mutations lui permirent de prendre la place qui
lui appartenait dans la section de philosophie.

des chaires, subissait le sort de toutes les
doctrines dont le règne avait été longtemps
incontesté; les jeunes gens, usant comme
toujours de leur indépendance pour aller à
de nouveaux systèmes, s'éprenaient des
formes d'un positivisme rajeuni qui leur
semblait en harmonie avec les découvertes
scientifiques si bien faites pour exalter leur
imagination. A voir ce dédain du passé, cet
affranchissement de ce qu'on appelait les
théories classiques, cet enthousiasme pour
les sciences dont les progrès allaient, disait-
on, tout changer en peu de temps, il était
permis de prévoir une rupture entre la
science et le spiritualisme.

En même temps arrivait d'Allemagne un
souffle nouveau, mélange singulier de métaphysique et de matérialisme.

C'est contre ces deux adversaires, les posi-
tivistes et les métaphysiciens de l'école allemande, que M. Janet, décidé à garantir la
liberté des recherches scientifiques, résolut
de défendre le spiritualisme. Tel fut l'objet

du livre qu'il consacra en 1865, à la *Crise philosophique*; tel fut le but qu'il se proposa dans ses cours et qu'il assigna à ses écrits.

Ce qui appartient en propre à Paul Janet, c'est la place qu'il choisit et qu'il entendait occuper dans la lutte. Fidèle aux maximes de la dialectique platonicienne, il appliqua tous les efforts de son esprit à chercher si ses adversaires n'auraient pas une parcelle de vérité; de ce rigoureux examen, son impartialité tira des lumières; il arriva ainsi à une doctrine très personnelle qui inspira toute son œuvre philosophique. Il demeura fidèle au spiritualisme, fondement de ses plus intimes convictions, mais il entendit assurer désormais à cette doctrine sa pleine indépendance.

La nouvelle école accusait la philosophie classique d'avoir été la servante des pouvoirs établis, d'avoir accepté en quelque sorte un rôle et une fonction officielle, d'avoir professé que sa valeur se mesurait à ses conséquences pratiques et sociales. De là à estimer la vérité d'une doctrine suivant le profit qu'en tirait la politique, il n'y avait qu'un pas. C'était lier ce qu'il y a de plus élevé, ce qu'il y a de permanent dans la conception des destinées humaines à ce qu'il y a de plus fragile et de plus contingent.

M. Paul Janet rompit avec ces maximes : suivant lui, le philosophe digne de ce nom cherche la vérité en elle-même, abstraction faite de son utilité; sa mission n'est pas d'assurer l'ordre dans la cité, de régler les conditions de la vie publique; il poursuit le vrai en soi, assuré que la vérité ne peut jamais, en aucun cas, nuire à personne. Il transportait du coup la philosophie dans une sphère supérieure et l'affranchissait des passions comme des vicissitudes des partis.

En guerre, pendant le cours du xviii° siècle, avec l'idée religieuse, la philosophie, avait été longtemps un adversaire sans merci; au xix° siècle, il semblait qu'elle eût cessé la lutte, le désarmement était devenu un traité de paix. M. Paul Janet observait, non sans

alarmes, l'effet sur les jeunes esprits de cette
alliance, qui était tenue pour une abdication
de la pensée libre; ce lien lui semblait non
moins fatal à l'essor des idées que la chaîne
des partis politiques; il voulait « faire ren-
trer le spiritualisme dans le giron de la philosophie, le délivrer de tout patronage arti-
ficiel, empêcher qu'il parût une branche de
l'orthodoxie religieuse, lui ôter l'apparence
d'un parti pris, le réconcilier avec le libre
examen, la critique, l'esprit nouveau, afin
que la philosophie cessât d'être considérée
comme une *ancilla theologiæ* [1] ».

M. Paul Janet était très frappé des caractères et des découvertes des savants de notre
temps; il applaudissait au rapprochement
de la philosophie et des sciences, il avait
suivi avec attention les progrès de la psychologie expérimentale; ses sympathies
accompagnaient les efforts des jeunes gens,
ouvrant des voies nouvelles aux investiga-

1. Étude sur Victor Cousin.

tions, appliquant à des domaines jadis inex-
plorés toutes les formes du libre examen; il
encourageait ses disciples à étudier les
branches les plus diverses du savoir, mais
à la condition qu'ils revinssent de ce voyage
de découvertes, plus fidèles que jamais à la
philosophie; médecins ou chimistes, mathé-
maticiens ou physiciens, ils devaient rap-
porter de leurs études préparatoires des faits
accumulés, des exemples, des lumières de
vérité, mais ne pas demeurer des transfuges,
hésitant entre deux voies, n'en embrassant
aucune, prêts à subordonner la philosophie.
Paul Janet n'avait pas cherché à l'affranchir
de la politique ou de la théologie pour en
faire une *ancilla scientiæ*.

Considérée sous ce triple aspect, l'œuvre
à laquelle il s'est voué prend tout son caractère; on en voit la portée. Ceux mêmes qui
en ont parfois souffert, qui ont été effrayés
de ses hardiesses, étaient contraints de
reconnaître que cette entreprise était très
fière : elle était inspirée par un profond

sentiment de la grandeur de la philosophie
et le souci de son indépendance.

Qu'il étudie les « Problèmes du xixᵉ siècle »,
qu'il analyse « le Cerveau et la Pensée », ou
expose dans son ensemble la « Philosophie
française contemporaine ». M. Paul Janet
continue avec la même persévérance et poursuit, sous les différents aspects, sa réfutation
du matérialisme, sa démonstration de la
réalité de l'âme et de Dieu. Son enseignement, durant trente-cinq années, dans sa
chaire de la Sorbonne, fut consacré aux
mêmes doctrines.

Il lui sembla qu'il n'avait pas donné sur
la morale sa pensée tout entière; il voulut
ne laisser subsister ni obscurité, ni équi-
voque. Il n'admettait pas, comme Épicure
ou comme Spinoza, que la morale fût la
poursuite du bonheur; il ne voulait pas non
plus que l'appât des récompenses portât
atteinte à l'idéal en l'abaissant. Elle était, à
ses yeux, la science du devoir, la recherche
de la perfection, c'est-à-dire la vertu du

désintéressement et du sacrifice. Paul Janet
avait trop de loyauté envers lui-même pour
reculer devant le problème qui, de nos jours,
domine la morale; peut-elle être indépendante de l'idée de Dieu? Il n'hésitait pas à
répondre qu'il n'existe « qu'un moyen de
fonder une morale absolument indépendante
de toute métaphysique, c'est de proclamer la
doctrine du plaisir ou de l'utilité ». Alors, la
morale cesse de commander; elle devient
un art servile, un calcul d'habileté. La loi
morale n'était pour lui ni une convention
arbitraire, ni une abstraction, mais une
réalité voulue et maintenue par un être supérieur qui est la perfection du bien, qui est la
cause et la fin de tout. « S'il n'y a, dit-il
excellemment, nul être qui aime les hommes
et qui m'aime moi-même, pourquoi suis-je
tenu de les aimer? Si le monde n'est pas
bon, s'il n'est pas fait pour le bien, si le bien
n'est pas son origine et sa fin, qu'ai-je à faire
ici-bas, et que m'importe cette fourmilière
dont je fais partie?... Il faut que je puisse

5.

dire : *Adveniat regnum tuum.* Comment le pourrai-je, s'il n'y a pas un Père qui, en nous confiant le soin de faire arriver son règne, l'a rendu au moins possible en faisant le monde [1] ? » Il proclamait ainsi que la morale étudiée sans parti pris conduit nécessairement à reconnaître une cause morale du monde, c'est-à-dire l'existence de Dieu.

Ni ses travaux, ni ses méditations philosophiques ne l'absorbaient entièrement; les problèmes politiques dont il avait, naguère, étudié l'histoire, lui semblaient, après la métaphysique et la morale, les plus dignes d'occuper sa pensée; il en cherchait la solution dans le passé comme dans le présent et ne cachait pas ses convictions, sans jamais chercher à en tirer profit ou bruit. Il vivait au milieu d'amis qui jugeaient sévèrement un régime de silence et aspiraient « à la liberté, principe de tout progrès »; il n'avait publié aucun écrit retentissant, mais quand

1. *La morale*, p. 612.

l'occasion s'était offerte, il n'avait pas craint
d'affirmer, en 1863, avec l'indépendance du
philosophe, que rien n'était plus contraire
au développement de l'activité et de l'énergie
personnelle qu'un « mécanisme dans lequel
les particuliers étaient engrenés par autorité
publique » et qui était « confié à la direction
d'un moteur irresponsable »[1]. Aussi, toutes
les sympathies de son intelligence et de son
amitié allaient-elles vers les hommes qui,
en 1871, autour de M. Thiers, entrepre-
naient, après nos désastres, la tâche de
relever la France; il était avec eux en commerce d'intimité. M. Jules Simon s'était
formé un conseil composé d'universitaires
qu'il aimait à consulter. Paul Janet en faisait
partie et jouissait vivement de cette collaboration intellectuelle.

La seule fonction nouvelle qu'il accepta
dans cette période de sa vie, lui vint d'une
institution sans précédents en notre pays,

1. *Philosophie du bonheur*, p. 360.

créée par l'initiative hardie d'un homme,
sorte de faculté libre, travaillant pour l'État
sans lui rien demander, n'attendant de lui
aucune subvention et lui offrant ce que le
gouvernement avait, naguère, tenté sans y
réussir, des candidats spécialement instruits
et préparés aux fonctions administratives et
diplomatiques, centre d'enseignement supérieur où les jeunes gens venaient apprendre,
en écoutant les maîtres les plus distingués de
leur temps, à devenir des citoyens actifs,
capables de s'associer à la mission des gou-
vernants et de la comprendre. Celui qui
fondait en 1872 l'École des Sciences politiques avait un trop profond discernement
de la valeur intellectuelle pour ne pas faire
appel avant tout autre à l'écrivain qui s'était
consacré avec éclat à leur histoire. Ceux qui
m'écoutent et qui ont été, dès le premier
jour, l'honneur de cette école, savent ce que
furent ses leçons. A un enseignement nouveau il voulut apporter des études nouvelles.
Ses auditeurs en eurent les prémisses. Ses

cours devinrent des livres. En quelques
années, il publia *Saint-Simon et le Saint-
Simonisme*, des fragments sur Fourier, puis,
remontant aux origines du socialisme contemporain, sur *Babeuf*.

Il passait ainsi en revue les idées politiques au xixe siècle, ajoutant en quelque
sorte à son grand ouvrage des fragments qui
en préparaient la suite. Entre les dernières
pages de l'*Histoire de la science politique*, qui
s'arrêtait en 1788, et les époques contempo-
raines, il avait jusqu'alors omis le problème
qui obsède à bon droit l'âme de la France.
Quel est le sens de la Révolution française?
Quelle est sa philosophie? Qu'en ont pensé
les témoins et les juges? Paul Janet résolut
de les interroger en suivant l'ordre des
temps. Les premiers qui en ont parlé sont
des étrangers, comme si le tourbillon des
passions avait enlevé aux acteurs le temps
de réfléchir : c'est Burke qui, ne distinguant
dans les événements que la tradition, voit
avec horreur une nation faire table rase du

passé; c'est Fichte, au contraire, « tout plein
de cette ivresse idéologique et spéculative
dont l'Allemagne s'est bien guérie depuis »,
qui, saisi d'enthousiasme, croit que la philosophie réglant désormais les affaires de ce
monde, l'humanité sera à jamais affranchie ;
c'est Joseph de Maistre épouvanté des crimes,
ne jugeant la Révolution qu'à travers un
voile sanglant, et se sentant tellement
dépassé par l'immensité du mal que, pour
l'expliquer, il évoque toutes les forces du
ciel et de l'enfer.

A ceux qui avaient tout approuvé ou tout
maudit, le philosophe oppose les juges qui
ont conservé leur esprit libre : avec le sage
Mounier, avec Mᵐᵉ de Staël, il nous montre
l'ancien régime condamné, le droit pour un
peuple de se donner une constitution reven-
diqué et les forfaits des révolutionnaires
flétris. M. Janet dresse ainsi l'image de la
Révolution et l'éclaire sous toutes ses faces
à la lumière de tous les grands esprits qui
ont tenté d'en expliquer la nature. Il n'y a

rien de plus poignant dans la littérature historique que cet effort prolongé pendant trois générations, sous la royauté absolue, sous la monarchie constitutionnelle, sous deux empires et sous trois républiques, effort qui n'a pas encore atteint son terme, pour tirer du formidable torrent où ont bouillonné toutes les conceptions d'une nation surexcitée les idées maîtresses, qui, comme un fleuve paisible, doivent servir un jour, quand le peuple sera plus instruit, à diriger et à porter les sociétés.

M. Paul Janet n'hésite pas à clore sa laborieuse enquête en proclamant que ce qu'il faut condamner dans la Révolution, ce ne sont pas les principes, mais les moyens. Conclusion d'un sage et que confirment avec éclat les événements ! Un siècle d'expérience a démontré que nos libertés n'étaient pas des abstractions, mais le besoin de tout peuple civilisé, que la Déclarations des Droits renfermait l'essence de principes salutaires. Heureuse leçon, si nous savions y ajouter ce

que nous ont enseigné nos fautes ; les échecs
répétés de nos constitutions viennent de ce
que les gouvernements issus de la Révolution, ayant tous le culte de la force, ont cru
que l'autorité morale, la seule qui conduise
les hommes, venait d'elle, ont parlé du droit
sans le respecter, sans lui donner le dernier
mot, et se sont imaginé qu'ils abdiqueraient
s'ils ne réservaient pas au pouvoir exécutif
la faculté de le violer ; ils n'ont pas compris
qu'il n'existait pas, en politique, d'œuvre
plus chimérique, en droit constitutionnel, de
construction plus factice, que d'inscrire dans
des textes de lois des libertés, sans accorder
aux citoyens des garanties, provoquant ainsi
un duel sans issue entre l'État ayant la force,
l'individu le droit dépourvu de sanction, et
perdant de vue que l'idée de devoir et de
responsabilité, absente de l'éducation des
citoyens et des peuples dont elle devrait être
l'objet unique, serait seule capable d'établir
enfin l'équilibre.

Dans toutes ses études d'histoire, Paul Janet avait une pensée qui guidait et dominait son esprit; les relations de la morale et de la politique. Ce que voulait l'homme, comment il concevait les faits sociaux, le rôle de sa volonté, la nature de ses efforts, sa personnalité, d'où découlent ses droits, voilà ce qui touchait le philosophe; il aimait à analyser un caractère, à pénétrer dans les replis du cœur humain, à reconstituer la pensée d'un homme; il a semé autour de lui des notes, des esquisses, parfois des portraits qui sont exquis. Ce que recherchait Janet dans son modèle, ce n'était pas la ressemblance des traits, c'était « l'âme de sa physionomie ». Il excellait à faire revivre ceux qu'il avait connus; il n'y avait rien de banal dans ses éloges. Le ton était juste et la sincérité absolue. De tous ceux qui ont passé depuis trente ans dans notre Académie, en est-il un seul qui ait été plus aimé de nous tous, plus apprécié dans l'intimité, plus défiant de lui-même et plus digne d'être loué que Constant Martha? La notice que Janet

6

consacra à notre confrère est un chef-d'œuvre de grâce, de finesse, d'émotion tendre et vraie. Rien de plus touchant que la peinture de ce caractère entrevu à travers la plus vive amitié. Quel est celui d'entre nous qui, en lisant ces pages destinées à l'École normale, ne retrouve cet esprit supérieur, cet écrivain incomparable, auquel n'a manqué, pour monter au premier rang, qu'un peu plus de hardiesse et ce savoir-faire qui est le génie des médiocres ? En mettant son ami au niveau qu'il aurait dû occuper, Janet se montrait, une fois de plus, moins soucieux du succès que fidèle à la morale.

Celui qui avait été son maître, Victor Cousin, était mort depuis vingt ans. Il crut que l'heure était venue de juger son action. Le prestige n'était plus qu'un souvenir. Les uns avaient attaqué avec passion sa mémoire ; d'autres en avaient parlé avec esprit et malice ; d'autres enfin avec une admiration sans réserves. Il se sentait assez d'indépendance pour faire la part des critiques et des louanges. Il lui semblait que le seul hommage digne d'un philosophe était la liberté dans le jugement. Il définit nettement la grandeur de l'œuvre de Cousin, et en marqua les lacunes, consacrant ainsi à l'histoire de la philosophie au xix⁰ siècle une page que lui seul pouvait écrire.

Ni ses méditations philosophiques, ni ses études d'histoire politique ne l'absorbaient exclusivement. Il avait un goût très vif pour l'histoire littéraire. Ses lectures étaient très variées ; il ne mettait pas de fausse honte à cacher son amour pour les romans. Lorsque arrivait l'été, ce Parisien de naissance échappait avec bonheur au fracas de la ville. De sa petite maison de Forges, il gagnait les bois, un livre à la main ; c'était Walter Scott auquel il demeura fidèle, et qu'il relisait jusqu'à la fin de sa vie ; c'étaient des mémoires, des correspondances se rapportant aux deux siècles qui l'avaient précédé et surtout au xvii⁰ siècle. Il lisait par plaisir, comme délassement d'esprit, sans but arrêté ; mais son

intelligence était trop active pour que le
crayon et bientôt la plume ne se missent pas
de la partie. En vain s'était-il promis de ne
pas écrire de toutes les vacances. Le besoin
de résumer sa pensée, de la fixer, de discuter
avec soi-même un problème, l'emportait sur
tous les serments. Qui de nous lui reproche-
rait ces innocents parjures ? Nous leur devons
des pages charmantes, mais trop dispersées,
dans la *Revue des Deux Mondes* et dans les
profondeurs inaccessibles du *Journal des
Savants*. Le lecteur y reconnaissait l'érudit
et le psychologue qui le conduisait de Pascal
à Fénelon, de Retz à La Rochefoucauld, de
Molière à Bossuet, de Mme de Grignan à
Mme de Maintenon et le ramenait, à travers
Montesquieu et Rousseau, vers les temps
modernes pour y retrouver Lamartine et
Prévost-Paradol. Que de fragments à peine
connus dont la réunion serait précieuse ! Que
de découvertes à faire en sa compagnie dans
cette immense série d'études ! Qu'il vive
familièrement avec Descartes ou pénètre dans

la pensée de Malebranche, qu'il suive l'influence de Spinoza en Allemagne et en
France, qu'en analysant la philosophie
anglaise, il expose l'œuvre de son historien,
M. de Rémusat, qu'il passe de Swedenborg à
Diderot, de Kant à Maine de Biran, il nous
guide avec une égale sûreté et nous laisse
une impression aussi juste que forte sur ceux
qu'il appelle heureusement « les maîtres de
la pensée moderne ».

A ses yeux, toute la mission du philosophe
était l'éducation des hommes. Ce qu'il avait
poursuivi dans ses chaires de Bourges, de
Strasbourg et de Paris, il entendait le conti-
nuer au Conseil supérieur de l'Instruction
publique. Il y siégea depuis 1880, comme
délégué de la Faculté des lettres ; il fut rapporteur des projets concernant l'enseignement de la philosophie dans les plans d'études
de 1880 et de 1885. Il estimait qu'elle était
indispensable à la formation de l'esprit ; il
sut le dire avec une hauteur de vues et une
fermeté de doctrines qui décidèrent du succès.

6.

Ceux qui aujourd'hui défendent les études philosophiques en péril ne peuvent-ils pas se demander ce qui fût advenu si, dans le sein du Conseil supérieur, il y a vingt ans, ne s'était élevée cette voix écoutée de tous? Le langage que tenait alors M. Janet est de tous les temps. S'il est vrai que la philosophie est une méthode de penser, si, bien enseignée, elle donne à la conception plus de force, à la conscience plus de certitude, au raisonnement plus de rigueur, à l'homme un sentiment plus net de sa responsabilité, si, comme la sagesse et la modération qui ne se peuvent séparer, elle sait apaiser les haines et ne favorise qu'une passion, celle du bien et du vrai, si elle apprend au jeune homme, au terme de ses études, avant de se lancer dans la vie, comment s'accomplissent, sans souci des sacrifices, les devoirs envers la famille et la cité, envers Dieu et la Patrie, n'est-il pas permis de se demander de quelle présomptueuse légèreté sont atteints les hommes qui croiraient en

notre temps cette étude un luxe inu-
tile?

Entre son cours consciencieusement poursuivi à la Faculté des lettres, ses travaux
académiques, les rapports que multipliait la
confiance affectueuse de ses confrères, sa vie
s'écoulait très régulière et très pleine. Celui
qui, à vingt-cinq ans, avait parlé avec tant
de talent de la famille, en avait deviné le
charme ; non seulement il avait écrit un beau
livre, mais il avait reçu sa récompense ; la
destinée avait voulu qu'il pût goûter toutes
les joies du foyer. Il était né pour les éprouver
et les faire sentir autour de lui. Tout ce qu'il
refusait à la vie publique, il le réservait et
le prodiguait aux siens ; un cœur confiant,
une bonté naturelle, un esprit qui se portait
sur tout, pour animer sans jamais blesser,
une intelligence qui se prêtait à tous les
sujets et à tous les âges, n'étaient-ce pas des
traits qui composent un caractère fait pour
inspirer la plus tendre affection et répandre
autour de soi le bonheur ?

Un jour vint où toutes ces joies intimes eurent leur couronnement. L'union qu'avait ardemment souhaitée cinquante ans auparavant le jeune homme, qui avait réalisé et dépassé tous ses rêves, allait être renouvelée en présence des enfants et petits-enfants. Les noces d'or couronnant après un demi-siècle un mariage d'amour, ne sont-elles pas la plus grande bénédiction d'une famille? Qui la méritait plus que notre confrère et celle qui avait partagé ses travaux et sa vie? Leurs treize enfants et petits-enfants se pressaient autour d'eux, empruntant aux fragments tirés de la *Famille* la peinture d'une existence unie et heureuse. Le livre et la vie étaient issus de la même inspiration.

Cette fête devait précéder de bien peu le déclin d'une santé, jusque-là si forte. C'était le soir d'un beau jour, les derniers feux du couchant.

Il n'avait pas attendu l'affaiblissement de ses forces pour publier un dernier ouvrage dans lequel il avait concentré sa pensée. Il aurait voulu laisser après lui un cours complet et développé qui aurait embrassé toute la science. Lorsqu'il était monté dans la chaire de philosophie de la Sorbonne, après la mort de son confrère et ami Caro, il avait fait cette promesse solennelle, annonçant qu'en dix années, il élèverait ce monument définitif. Il avait trop présumé de ses forces. Il ne put publier qu'une partie de son cours. Les *Principes de métaphysique et de psychologie*, professés de 1888 à 1894, parurent en 1897.

« Ce livre, dit-il, est en quelque sorte mon testament philosophique... Il y a aujourd'hui cinquante-six ans que j'ai commencé à penser. L'amour de la philosophie n'a jamais tari en moi. Encore aujourd'hui, affaibli et refroidi par l'âge, j'ai conservé pour cette belle science le même amour, la même ferveur, la même foi. Quelques crises que j'aie traversées, rien ne m'a découragé. Je n'ai pas eu l'oreille fermée aux nouveautés; elles m'ont toujours intéressé et souvent séduit. Je ne me suis pas montré à leur égard un adversaire hargneux et effrayé; j'en ai pris ce que j'en ai pu; mais, malgré ces concessions légitimes, je suis resté fidèle aux grandes pensées de la philosophie éternelle dont parle Leibnitz, et ces pensées n'ont jamais cessé de me paraître immortellement vraies. »

Cet ouvrage solide et éloquent n'était pas seulement le couronnement d'une vie, il apportait à la science française un livre qui lui manquait. L'Académie des Sciences morales et politiques résolut de lui décerner en 1898 sa plus haute récompense. Au prix Jean Reynaud qu'elle accorde à l'œuvre la plus remarquable publiée depuis cinq ans, s'ajouta un rapport dont vous avez tous gardé le souvenir. C'était la dernière lecture et comme la dernière pensée de cet esprit si fier, de cette âme si élevée, de ce cœur si chaud que nous avons perdu peu de mois après M. Janet : M. Charles Lévêque n'hésite pas à mettre ce livre au premier rang :

il loue sa concision, sa simplicité, la clarté
du raisonnement et du style ; il fait ressortir
ce qu'a de nouveau et de puissant ce jugement qui est, à lui seul, une définition :
« Les savants pensent les objets. Les philosophes pensent la pensée des objets. » Il suit
l'auteur, de chapitre en chapitre, étudiant
avec lui l'idée de l'infini, de l'absolu et de la
perfection, et approuvant cette conclusion :
« Dieu est l'Être infini, absolu et parfait,
qui a produit toutes choses et qui les gou-
verne toutes. » A cette fin dernière de la
métaphysique, s'ajoute avec l'analyse de la
nature humaine, les études les plus fortes
sur la volonté et la liberté. « Il s'est complu,
disait avec force notre rapporteur, dans une
impartialité haute et sereine qui n'est jamais
l'indifférence. Il aime à dire : « Je me suis
« intéressé à tout. » Et, par un juste retour,
voici que, dans son dernier ouvrage, à ne
citer que celui-là, tout intéresse, depuis les
confidences de la préface, jusqu'à ces déclarations réconfortantes de la conclusion :

« Nous ne sommes pas au nombre des décou-
ragés et des désespérés; nous aimons les
idées; nous n'avons pas peur d'elles; ce
seront elles qui travailleront pour nous. »

L'hommage que l'Académie entendait
décerner au Doyen de la section de philosophie allait bien au delà d'un seul livre,
quelle qu'en fût la valeur : il s'étendait à
l'œuvre tout entière.

Ce sont là les fêtes intimes de nos Com-
pagnies. Plus l'existence d'un confrère a été
modeste, plus elle s'est écoulée dans le
silence, loin du fracas de la vie publique et
plus il nous semble que nous lui devons, au
terme de sa carrière, un de ces témoignages
qui n'étonnent aucun témoin de sa vie et
dont s'honore la justice.

La vertu présente les formes les plus
diverses : tantôt les actes les plus éclatants,
les dévouements qui font en quelques ins-
tants d'un homme, d'un enfant même, un
héros, tantôt les longues abnégations du
devoir; dans cette salle où elle reçoit un

périodique hommage, qui ignore ces contrastes? Lorsqu'une vie tout entière a été vouée à la pensée désintéressée, lorsque les succès légitimes de l'écrivain n'ont jamais été tournés au profit de l'ambition, lorsqu'un professeur parvenu, dès l'âge de quarante ans, à la Sorbonne, à l'Institut, voyant les élèves se presser autour de sa chaire, ses confrères l'entourer d'estime, n'a jamais songé à tirer de ses succès un avantage personnel, ne réclamant rien pour lui-même, ne cherchant que le triomphe de la vérité, bornant ses désirs, trouvant dans ses méditations sa plus haute récompense, vivant en sage, mourant avec la foi en l'éternité, l'Académie des Sciences morales et politiques n'abdiquerait-elle pas sa mission si elle n'allait chercher, dans le demi-jour où il a voulu vivre, ce grand serviteur de la pensée pour le faire monter au rang qui lui revient?

Lorsque le 4 octobre 1899, après quelques mois de maladie, sans qu'il ait connu ces

7

jours de décadence pires que la mort, Paul
Janet nous était enlevé, nous nous aper-
cevions du vide immense qu'il laissait parmi
nous. Plus nous étudions sa pensée et plus
il nous manque. Il était bien ce philosophe
auquel rien d'humain n'était étranger.

A lire les *Causes finales* ou son dernier
livre, on est en présence d'un pur méta-
physicien, vivant dans les sphères supérieures
de l'abstraction. Si on ouvre la *Famille*, la
Philosophie du Bonheur ou la *Morale*, on est
entraîné et charmé : c'est un père, un conseil, un ami ayant la plus sûre pratique de
la vie, guide éclairé, mêlant la fermeté à
l'indulgence, faisant du devoir la raison du
bonheur et se montrant en tout un de nos
grands moralistes. Qu'on parcoure la galerie
de portraits et d'études, on est séduit par le
littérateur dont la grâce, l'observation fine,
les caractères fortement tracés sont relevés
par un style tellement approprié aux person-
nages, si parfaitement transparent qu'on
oublie l'auteur pour se croire en tête à tête

avec le modèle. Si on remonte vers l'*Histoire de la Science politique*, vers la *Philosophie de la Révolution*, on se sent en face d'un de ces esprits profonds qui ont médité sur le gouvernement des sociétés, qui, étudiant l'histoire en psychologues, la politique en philosophes, ont pénétré au delà de ce qu'elles ont de contingent pour signaler cette répétition des mêmes fautes que, sous des noms divers et à travers des civilisations différentes, ceux qui réfléchissent ont à jamais condamnées.

Ainsi, littérateur, historien, philosophe, moraliste, Paul Janet a laissé des œuvres qui, lues longtemps après sa mort, fortifieront encore les âmes, feront penser et le feront aimer.

Peut-on concevoir, pour un homme qui n'a voulu être que professeur et écrivain, une ambition plus haute?

PAUL JANET

SA VIE

7.

1862. 17 novembre. Suppléant de M. Garnier, professeur de philosophie à la Faculté des Lettres de Paris.

1863. Prix à l'Académie française pour la *Philosophie du Bonheur*.

1864. 13 février. Élu membre de l'Académie des Sciences morales et politiques.

1864. 20 juin. Professeur d'Histoire de la Philosophie à la Faculté des Lettres.

1871. Professeur à l'École des Sciences politiques.

1880. Membre du Conseil supérieur de l'Instruction publique.

1887. 11 novembre. Professeur de Philosophie à la Faculté des Lettres.

1899. 4 octobre. Sa mort.

SES OUVRAGES

1. **Essai sur la dialectique de Platon**, thèse de doctorat, Paris, in-8°, Joubert, 1848. 2° édition sous ce titre : *Études sur la dialectique dans Platon et dans Hegel*, Paris, in-8°, Ladrange, 1861.

2. **De plastica naturæ vita quæ a Cudwortho in systemate intellectuali celebratur**, Facultati Parisiensi hanc thesim proponebat Paul Janet, Paris, Joubert, in-8°, 1848.

3. **M. de Lamartine**, Paris, in-8°, Joubert, 1848 (23 pages).

4. **Du rapport de la morale et de la politique.** Leçon d'ouverture à la Faculté des Lettres de Strasbourg, Paris, in-8°, 1849 (tirage à part de *la Liberté de penser*).

5. **Introduction à un cours de morale et de théodicée.** Leçon d'ouverture à la Faculté des Lettres de Strasbourg; 18 novembre 1854, Strasbourg, in-8°, 1854.

6. **La famille** (Leçons de philosophie morale);
in-18, Paris, Ladrange, couronné par l'Académie française, 1855. 5e édition, 1864. 7e édition, 1868. 13o édition, Paris, Calmann-Lévy, 1890. — *La famiglia*, traduction italienne, 1858. — *A famiglia*, traduction portugaise, Porto, 1868. — *Familjen*, traduction suédoise, 1869.

7. **Discours prononcé à la distribution des prix.**
Lycée impérial Louis-le-Grand; Paris, in-8o, 1857.

8. **Les confessions de saint Augustin,** traduction française et une introduction, in-18, Charpentier, 1858.

9. **Histoire de la philosophie morale et politique dans l'antiquité et dans les temps modernes.**
2 volumes in-8o. Paris, Ladrange, 1858 (couronné par l'Académie des sciences morales et par l'Académie française). 2e édition, sous ce titre : *Histoire de la science politique dans ses rapports avec la morale*; Paris, 1872. — 3e édition, Paris, 2 vol. in-8o, Alcan, 1887.

10. **La philosophie et M. Ernest Renan.** Paris, in-8o, 1860.

11. **Essai sur le médiateur plastique de Cudworth.**
Paris, in-8o (74 pages), Ladrange, 1860.

12. **Leçon d'ouverture du cours de philosophie,**
prononcée à la Faculté des Lettres de Paris,

le 16 décembre 1862; in-8°, 22 pages, Paris, Dupont.

13. **La philosophie du bonheur**; in-8°. Paris, Michel Lévy, 1863. 5° édition, in-18, 1891. — *Het geluk in het menschelijk leven*, traduction hollandaise, par Laurillard; Amsterdam, 1864. *Ly cans filocofi*, traduction suédoise, Stockholm, 1869.

14. **Le matérialisme contemporain**; in-18, 1863, Germer-Baillière. 3° édition, 1875. 5° édition, librairie Alcan, 1888. *Der materialismus unser Zeit*, par Von Reichlin-Weldegg, avec préface de H. von Fichte, traduction allemande; Leipzig, 1866. *The materialism of the present day*, traduction anglaise, par G. Masson; Londres, 1866. *Kritik van het moderne materialism*, traduction hollandaise, Utrecht, 1865. *Matery palism Wspolczesny*, traduction polonaise, par Sophie de Glaser, Krakow, 1878.

15. **Discours prononcé aux funérailles de M. Emile Saisset**, 29 décembre 1863; Didot, in-4, 1863.

16. **Une Académie Politique sous le cardinal de Fleury de 1724 à 1731**. Lecture faite dans la séance publique annuelle des cinq Académies le 16 août 1865; Paris, in-4°, 1865.

17. **La crise philosophique**; gr. in-18, 184 p. Germer-Baillière, 1865.

18. **Le cerveau et la pensée**; in-18, Germer-Baillière, 1867.

19. **Éléments de morale**; in-18, Delagrave, 1869; 2e édition 1870; 3e édition, 1884; 4e édition, 1890.

20. **Discours prononcé le 16 novembre 1871 aux funérailles de M. Pellat**; Didot, in-4°, 1871.

21. **La philosophie dans les comédies de Molière**; lu dans la séance publique annuelle des cinq Académies le 25 octobre 1872; Paris, Didot, in-4°.

22. **Les problèmes du XIXᵉ siècle**; Paris, in-8°, Michel Lévy, 1872.

23. **Saint-Simon et les saint-simoniens**; in-18, Germer-Baillière, 1872.

24. **La morale**; in-8°, XIII-616 pages, Delagrave, 1874. 2e édition, 1886. 5e édition, 1898. *The theory of morals*, New-York, 1880.

25. **Philosophie de la Révolution française**, in-18. Germer-Baillière, 1874. 4e édition, librairie Alcan, 1892.

26. **Les causes finales.** Librairie Germer-Baillière, 1876. 2e édition, 1883. *Final causes*, Edinburg, 1878. 2e édition, 1883. *Final causes*, New-York, 1883. 2e édition, 1888.

27. **Allocution prononcée à la distribution des prix du Lycée Louis-le-Grand**, le 6 août 1878, Paris, in-8°, 1878.

28. **Spinoza : De Dieu, de l'homme et de la béati-**

tude; traduction française avec introduction; Germer-Baillière, 1878.

29. **La philosophie française contemporaine**; in-18, Michel Lévy, 1879.

30. **Notice sur Barni** (JULES ROMAIN), 1879. (*Association des anciens élèves de l'École Normale.*)

31. **Un républicain de la veille, Michel de Bourges**, souvenirs personnels; *Revue politique* du 17 avril 1880.

32. **Traité élémentaire de philosophie à l'usage des classes**; Paris, in-8°, Delagrave, 1880. 2° édition, 1881. 3° édition, 1883. 4° édition, 1884. 6° édition, 1889. Trad. espagnole, Paris Bouret, 1882. 2° édition, 1886. 3° édition, 1890.

33. **Traité de philosophie**; in-8°, Delagrave, 1880. Traduction espagnole, Mexico, 1882.

34. **Notice sur Cotelle** (TOUSSAINT ANGE) (*Association des anciens élèves de l'École Normale*).

35. **Pascal philosophe**, discours prononcé le 11 septembre 1880, à l'inauguration de la statue de Pascal à Clermont-Ferrand; Didot, in-4°, 1880.

36. **Cours de morale à l'usage des écoles normales primaires**, 1re année : *Psychologie et Morale théorique*, Paris, in-18, Delagrave, 1881. 2° année : *Morale pratique*, Paris, in-18, Delagrave, 1881. 2° édition, 1887.

37. **Cours de morale à l'usage des écoles normales**

primaires d'institutrices; 1ᵐ et 2° année : *Psychologie et Morale théorique*; Paris, Delagrave, in-18, 1882. 3° année : *Morale pratique, applications*; Paris, Delagrave, 1883.

38. Discours prononcé le 24 septembre 1882 à l'inauguration de la statue de Lakanal, à Foix; Imp. F. Didot, in-4°, 1882.

39. Les origines du socialisme contemporain; Paris, in-18, Germer-Baillière, 1883.

40. Cours complet d'enseignement secondaire spécial, *Eléments de morale*; Paris, in-18, Delagrave, 1883. *Éléments de morale pratique*, 1889. *Éléments de philosophie scientifique et de philosophie morale*, 1ʳᵉ édition, 1890. 2° édition, Paris, Delagrave, in-18, 1891.

41. Les maîtres de la pensée moderne; in-18, Michel Lévy, 1883.

42. Victor Cousin et son œuvre, in-8°, Calmann-Lévy, 1885.

43. Histoire de la philosophie, Les problèmes et les écoles, en collaboration avec M. J. Séailles, in-8°. Delagrave, 1887. Traduction espagnole, Paris, Bouret, 1891.

44. Les lettres de Mᵐᵉ de Grignan; in-18, Lireux, 1888. 2° édition, Paris, in-18. C. Lévy, 1895.

45. Les passions et les caractères dans la littérature du XVII° siècle; in-18, Calmann-Lévy, 1888.

46. **Histoire de la Révolution française** (Centenaire de 1789); in-18, Delagrave, 1889.

47. **Lectures variées de littérature et de morale**; in-18, Delagrave, 1890.

48. **La philosophie de Lamennais**; Paris, in-18, Alcan, 1890.

49. **Cours de psychologie et de morale**, 1re année. *Psychologie théorique et appliquée*, par Paul Janet et Raymond Thamin, Paris, Delagrave, in-18, 1891. 2e année : *Morale théorique et Morale pratique*, par Paul Janet; Paris, in-18, Delagrave, 1891

50. **Fénelon** (de la collection des *Grands Écrivains français*); in-18, Hachette, 1892.

51. **Dubois**, ancien directeur de l'École Normale supérieure. (*Notice insérée dans le centenaire de l'École Normale.* 1795-1895. Paris, Hachette, 1895, gr. in-8°.)

52. **Notice sur Martha (Benjamin Constant)** (Extrait du *Bulletin de l'Association des anciens élèves de l'École Normale.*) Versailles, Cerf, in-8°, 1895.

53. **Principes de métaphysique et de psychologie**, leçons professées à la Faculté des Lettres de Paris; 1888-1894; Paris, 2 vol. in-8°, Delagrave, 1897.

54. **Notice sur Jules Simon** (*Association des anciens élèves de l'École Normale*), 1897.

8

55. **Notice sur Denis** (FRANÇOIS JACQUES) (*Association des anciens élèves de l'École Normale*), 1898.

TRAVAUX ACADÉMIQUES

1. **Rapport sur un ouvrage de M. Martha : « Les moralistes sous l'empire romain »**, t. LXXI, p. 285.

2. **Un précurseur français de Hegel**; t. LXXIII, p. 457.

3. **Une académie politique sous le cardinal de Fleury**; t. LXXIV, p. 107.

4. **Rapport sur un ouvrage de M. Mervoyer : « Etude sur l'association des idées »**, t. LXXVI, p. 293.

5. **Rapport sur un ouvrage de M. Caro : « La philosophie de Gœthe »**, t. LXXVIII, p. 293.

6. **Rapport sur un ouvrage de M. Ém. Beaussire : « La liberté dans l'ordre intellectuel et moral »**, t. LXXXII, p. 457.

7. **Rapports sur une publication de lettres inédites de Descartes, par M. de Budé**, t. LXXXVII, p. 183.

8. **Rapport sur un ouvrage de M. Ém. Beaussire : « La guerre civile et la guerre étrangère »**.

9. **La philosophie dans les comédies de Molière**, t. XCI, p. 69.

22. Rapport sur le livre de M. Liard : « La science positive et la métaphysique », t. CXIII, p. 146.

23. Rapport sur le livre de M. Brochard : « L'erreur », t. CXIII, p. 748.

24. Des qualités de l'esprit, t. CXIV, p. 204.

25. Rapport sur un ouvrage de M. Marion : « La solidarité morale », t. CXV, p. 597.

26. Rapport sur le divorce, de M. Louis Legrand, t. CXVI, p. 715, 717.

27. La localisation des sensations, t. CXIX, p. 67.

28. Observations sur la suggestion hypnotique, t. CXXII, p. 233.

29. Sur le socialisme d'État, t. CXXV, p. 503.

30. Sur un ouvrage de Hamilton, traduit par M. Joseph Reinach : « La logique parlementaire », t. CXXVII, p. 127.

31. De l'imagination créatrice et du génie, t. CXXVII, p. 388.

32. Rapport sur deux livres de M. Ludovic Carrau : « Les preuves des théories de Platon ». — « La conscience psychologique et morale »; t. CXXIX, p. 451.

33. Rapport sur un ouvrage de M. Lyon : L'idéalisme en Angleterre au XVIIIᵉ siècle, CXXXI, p. 940 ; CXXXII, p. 429.

34. Rapport d'un ouvrage de M. Arréat : La morale
dans le drame, l'épopée et le roman, CXXXI,
p. 950.

35. Rapport sur deux ouvrages de M. Charaux :
1° Annales de l'enseignement supérieur de
Grenot..e; 2° Pensées sur l'histoire, CXXXII,
p. 606; CXXXIII, p. 313.

36. Rapport sur deux ouvrages : 1° Texte grec
inédit de Damascius, par M. Ruelle : 2° L'au-
tomotisme psychologique, par M. Pierre
Janet, CXXXIII, p. 153 et 629.

37. De la responsabilité philosophique, CXXXIII,
p. 482; CXXXIV, p. 5.

38. Rapport sur un ouvrage de M. Arréat : Psychologie du peintre, CXXXVII, p. 546.

39. Les œuvres posthumes de Montesquieu,
CXXXIX, p. 168.

40. Rapport sur un ouvrage de M. Pillon : L'année
philosophique, CXL, p. 123 et 508 ; CXLII,
p. 127; CXLIII, p. 912; CXLVII, p. 154; CXLVIII,
p. 143; CL, p. 961.

41. Rapport sur un ouvrage de M. Durckeim : De
la division du travail social, CXL, p. 123
et 508.

42. Rapport sur un ouvrage de M. Reynaud :
Grammaire comparée du grec et du latin,
CXLIV, p. 139.

8.

43. Observations sur Damascius, CXLVII, p. 853; CXLVIII, p. 811.

RAPPORTS SUR LES CONCOURS

1. Rapport au nom de la section de morale sur : « Le traité des devoirs de Cicéron ». *Mémoires de l'Académie*, t. XII, p. 245, 1865.

2. Rapport sur le « concours de la philosophie de Malebranche ». *Comptes rendus*, t. LXXVIII, p. 5. — *Mémoires de l'Académie*, t. XIII, p. 221.

3. Rapport sur la philosophie de Kant. *Comptes rendus*, t. XCI, p. 231. — *Mémoires de l'Académie*, t. XIV, p. 31.

4. Rapport sur le concours relatif aux : « Dialogues de Platon ». *Mémoires de l'Académie*, t. XVII, p. 243.

5. Rapport sur le prix Jean Reynaud, t. XVII, p. 1085.

6. Rapport sur la philosophie de l'inconscient. *C. R.* t. CXXXVII, p. 801 ; t. CXXXVIII, p. 151. — *Mémoires*, t. XVIII, p. 557.

7. Rapports sur le prix Gegner. *C. R.* t. CXXXIX, p. 647 ; t. CXXXXI, p. 540 ; t. CXXXXIII, p. 780 ; t. CXXXXV, p. 549.

8. Rapport sur la philosophie de Philon le Juif et l'école d'Alexandrie. *C. R.* t. CXXXXVI, p. 887 et 933. — *Mémoires*, t. XX, p. 275.

9. **Rapport sur le prix Jean Reynaud.** *C. R.* t. CL, p. 672; t. CLI, p. 101. — *Mémoires,* t. XIX, p. 921.

COLLABORATION
A LA
« REVUE DES DEUX MONDES »

1856. 15 mars.	*La cité de Dieu au XIXe siècle.*
1857. 15 avril.	*Stephansfeld (Asile d'aliénés en Alsace). Des caractères et du traitement de la folie.*
1861. 1er juillet.	*Alexis de Tocqueville et la science politique au XIXe siècle.*
1862. 15 juin.	*Une nouvelle défense du spiritualisme. (Essai de philosophie religieuse par Émile Saisset.)*
1863. 15 mai.	*Un nouveau système sur la vie future.*
15 août.	*Le matérialisme contemporain. I. L'École naturaliste en Allemagne.*
1er décembre.	*II. Une théorie anglaise : M. Darwin.*
1864. 1er janvier.	*Emile Saisset; article nécrologique.*
1er avril.	*La philosophie du XVIIIe siècle.*

15 juillet.   *La crise philosophique et les idées spiritualistes en France.*
I. L'école critique.

1er août.   *II. Le positivisme et l'idéalisme.*
15 décembre. *La psychologie depuis Jouffroy : M. Adolphe Garnier.*

1865. 15 mars.   *Le scepticisme moderne : Pascal et Kant.*

15 juin.   *Le cerveau et la pensée.*
I. Données physiologiques.

15 juillet.   *II. Derniers débats scientifiques sur la folie.*

1865. 1er juillet.   *Un précurseur français de Hegel : dom Deschamps.*

1866. 15 janvier.   *L'histoire de la philosophie et l'éclectisme.*

15 avril.   *La méthode expérimentale et la Physiologie.*

1er septembre. *La liberté de penser.*
1er octobre.   *L'esprit de discipline en littérature.*

1867. 1er février.   **Victor Cousin.**
15 juillet.   *Spinoza et le Spinozisme.*

1868. 15 janvier.   *Descartes, son caractère et son génie.*

15 mai.   *Le spiritualisme français au XIXe siècle.*

1er juillet.   *Les problèmes philosophiques : M. Auguste Laugel.*

15 octobre.	*L'unité morale de l'espèce humaine.*
1869. 15 mai.	*Un apologiste chrétien au XIXe siècle : M. Guizot.*
1er octobre.	*La grammaire au Moyen-Age.*
15 octobre.	*Mill et Hamilton : le problème de l'existence des corps.*
1872. 1er janvier.	*La philosophie de la Révolution française.*
	I. Les théoriciens de l'Ecole révolutionnaire.
15 janvier.	*II. Les historiens républicains et les critiques de la Révolution.*
15 août.	*L'esprit révolutionnaire, la souveraineté nationale et le gouvernement de la République.*
15 novembre.	*Les réformes dans l'Enseignement secondaire.*
1873. 15 février.	*Le problème des causes finales et la Philosophie contemporaine.*
15 novembre.	*Une nouvelle phase de la philosophie spiritualiste.*
1874. 1er mai.	*L'idée de force et la philosophie dynamiste.*
1er novembre.	*La science sociale et la philosophie anglaise.*
1875. 1er mars.	**M. Charles de Rémusat.**

15 septembre. *La philosophie dans les tragédies de Racine.*

1876. 15 avril. *Le Fondateur du socialisme moderne : Saint-Simon.*

15 juillet. *La liberté de l'enseignement et la collation des grades.*

1er octobre. *L'École St-Simonienne : Bazard et Enfantin.*

1877. 15 avril. *La métaphysique en Europe depuis Hegel :*
I. La philosophie de la liberté : Schelling et Secrétan.

15 mai. *II. Un philosophe misanthrope : Schopenhauer.*

1er juin *III. La philosophie de la volonté et la philosophie de l'inconscient.*

15 septembre. *La propriété pendant la Révolution française.*

1878. 15 avril. *L'histoire de la philosophie ancienne en Allemagne.*

1879. 1er janvier. *L'Instruction primaire au point de vue de la psychologie.*

1er juin. *Études et discours par M. Bersot.*

1er août. *Le GLOBE de la Restauration et Paul-François Dubois.*

1er octobre. *Le socialisme au XIXᵉ siècle : Charles Fourier.*

1880. 1er mai. *Schopenhauer et la physiologie française : Cabanis et Bichat.*

15 juillet.	*Les origines du socialisme con-* *temporain :* I. *Le socialisme révolutionnaire.*
1er août.	II. *Le Communisme au XVIII° siè-* *cle, et la conspiration de Ba-* *beuf.*
1881. 15 mars.	*La philosophie de Molière.*
15 octobre.	*La philosophie de la croyance.*
1882. 1er juin.	*Un essai de réalisme spiritualiste.*
1883. 1er septembre.	*L'éducation des femmes.*
1884. 1er janvier.	*Victor Cousin et son œuvre phi-* *losophique.* I. *Les premiers maîtres de Cou-* *sin; le voyage d'Allemagne.*
15 janvier.	II. *Le cours de 1818.* LE VRAI, LE BEAU ET LE BIEN. *Le cours* *de 1820.*
1er février	III. *La disgrâce. Cousin et Hegel.* *Le cours de 1828.*
15 février.	IV. *L'enseignement de la philo-* *sophie de 1830 à 1852.*
1er mars.	V. *L'histoire de la philosophie;* *l'idée éclectique.*
1er-15 septembre.	*Les lettres de Mme de Grignan.*
1885. 1er juin.	*Le testament d'un philosophe :* *le nouveau spiritualisme.*
15 août.	*Les clefs de La Bruyère.*
1886. 15 août.	*Bossuet moraliste.*

1887. 1ᵉʳ août.	*Les origines de la philosophie d'Auguste Comte : Comte et Saint-Simon.*
1888. 1ᵉʳ avril.	*Une chaire de psychologie expérimentale et comparée au Collège de France.*
1889. 1ᵉʳ février.	*La philosophie de Lamennais.* I. *Lamennais, théologien et théocrate.*
1ᵉʳ mars	II. *Lamennais, libéral et révolutionnaire.*
15 mars.	III. *Lamennais, métaphysicien et esthéticien.*
1890. 15 mars.	*La philosophie catholique en France au XIXᵉ siècle : Chateaubriand et* LE GÉNIE DU CHRISTIANISME.
1892. 15 juillet.	*La psychologie et ses modernes critiques.*
1899. 15 avril.	*La philosophie de Pierre Leroux.* I. *La critique de l'éclectisme.*
15 mai.	II. *L'idée de* l'HUMANITÉ.

JOURNAL DES SAVANTS

1888. Février.	*Mme de Maintenon, d'après sa correspondance authentique.*
Mars.	*Idem.*

Juin.	*Montesquieu, par Albert Sorel. Turgot par Léon Say.*
Septembre.	*Dictionnaire de pédagogie et d'instruction primaire.*

1889. Janvier.	*Idem.*
Février.	*Œuvres de Blaise Pascal* (Édit. Faugère).
Juin.	*Maximes de La Rochefoucauld.*
Juillet.	*Idem.*

1890. Janvier.	*La vie de Molière.* — Notice bibliographique sur Molière par Paul Mesnard (*Œuvres de Molière*, t. X, collection des Grands Écrivains, 1889). *La comédie de Molière, l'homme et son milieu,* par Gustave Larroumet, 1887.
Mars.	*Id.*
Septembre.	*L'Allemagne depuis Leibnitz. Essai sur la formation de la conscience nationale de l'Allemagne* (1700-1848), par Levi-Brühl, 1890.
Décembre.	*Alexandre Hardy et le théâtre français à la fin du XVIe siècle, et au commencement du XVIIe siècle,* par M. Rigal.

1891. Février.	*Œuvres du cardinal de Retz,* nouvelle édition. (Collection des Grands Écrivains de la Fran-

	ce), 9 vol. in-8° (1872-1887, Paris).
Mars.	*Id.*
Juin.	*Id.*
1892. Janvier.	*Sébastien Castellion, sa vie, son œuvre, 1515-1563*, par Ferdinand Buisson, Paris, 1891.
Avril.	*Mme de La Fayette*, par le comte d'Haussonville (Collection des Grands Écrivains français, Paris, 1891).
Septembre.	*Bossuet historien du protestantisme.* Étude sur l'histoire des variations par Alfred Rébelliau.
Novembre.	*Id.*
Décembre.	*Mélanges inédits de Montesquieu*, publiés par le baron de Montesquieu (Bordeaux, 1892). — Deux opuscules de Montesquieu, 1891.
1893. Mars.	*Id.*
Juin.	*Nos adieux à la vieille Sorbonne*, par Oct. Gréard, Paris, 1893.
Août.	*L'ancien collège d'Harcourt et le lycée Saint-Louis*, par M. l'abbé Bouquet, Paris, 1891.
Octobre.	*Id.*
1894. Avril.	*Le roman en France depuis 1610 jusqu'à nos jours*, par M. Paul Morillot.

Juin.	*Prévost-Paradol.* Étude, suivie d'un choix de lettres, par Octave Gréard, 1894.
Octobre.	*Id.*
1895. Mars.	*Lamartine*, par Émile Deschanel. Paris, 1893.
Juin.	*La philosophie de Jacobi*, par Levi-Brühl, 1894.
Novembre.	*Id.*
1896. Janvier.	*J.-J. Rousseau et les origines du cosmopolitisme littéraire*, par J. Texte. (Librairie Hachette).
Avril.	*Id.*
Septembre.	*Histoire des doctrines esthétiques et littéraires en Allemagne: Lessing*, par Em. Grucker (Paris, Berger-Levrault, 1896).
1897. Mars.	*Id.*
Mai.	*Id.*
1898. Janvier.	*Geoffroy et la critique dramatique sous le Consulat et l'Empire*, par M. Charles des Granges. (Paris, 1897, Hachette.)
Avril.	*Œuvres de Descartes*, publiées par Charles Adam et Paul Tannery, sous les auspices du ministère de l'Instruction publique. (*Correspondance*, t. I, Léopold Cerf, imprimeur-éditeur.)
Août.	*Dernier travail, derniers souvenirs,*

par M. Ernest Legouvé, de l'Académie française. (Hetzel, 1898.)

Novembre. *Houdard de la Motte*, par M. Paul Dupont, maître de conférences à la Faculté des lettres de l'Université de Lille. (Hachette, Paris, 1898.)

1899. Février. *La correspondance de Descartes*, t. II, publiée par M. Charles Adam et Paul Tannery. (Paris, Léopold Cerf, 1898.) (*Suite.*)

Juin. *John Stuart Mill*. Correspondance inédite avec Gustave d'Eichthal. — Avant-propos et traduction par Eugène d'Eichthal. (Paris, Alcan, 1898.)

Octobre. Mort de M. Janet. — Sa collaboration au *Journal des Savants*.

1283-02. — Coulommiers. Imp. PAUL, BRODARD. — 2-03.

www.ingramcontent.com/pod-product-compliance
Lightning Source LLC
Chambersburg PA
CBHW060637100426
42744CB00008B/1665